Guten Appetit!

Kochen auf Deutsch

Sprachtraining und Rezepte

Isabella Bergmann
Marie Frey

compact

Bisher sind in dieser Reihe erschienen:

- Kochen auf Deutsch
- Kochen auf Englisch
- Kochen auf Französisch
- Kochen auf Italienisch
- Kochen auf Spanisch

Bildnachweis

fotolia: Artenauta (Kochlöffel); Barbara Pheby 5 (unten), 7; Ideenkoch 5 (unten), 23; Heike Rau 11; Colorlife 17; victoria p. 19; HLPhoto 25 (oben), 51; manulito 25 (Mitte), 39; kab-vision 25 (unten), 63; BeTa-Artworks 27; Kitty 35; rakamani 43; Quade 65 (Mitte), 67; nok7 75
Newedel/Bassermann Verlag: 55
StockFood: Kirchherr, Jo 5 (oben), 15, 59; Castilho, Rua 31; 47; Sporrer/ Skowronek 65 (oben), 79; Brauner, Michael 65 (unten), 83

Baierbrunner Straße 27, 81379 München
Ausgabe 2014

Chefredaktion: Dr. Matthias Feldbaum
Redaktion: Isabella Bergmann, Marie Frey
Fachkorrektur: Sonja Krell
Produktion: Frank Speicher
Titelabbildung: StockFood, Castilho, Rua; fotolia.de, Dalmatin.o
Gestaltung: X-Design, München
Umschlaggestaltung: X-Design, München

ISBN 978-3-8174-9434-7
381749434/1

www.compactverlag.de

Vorwort

Guten Appetit! Kochen auf Deutsch ist Rezeptsammlung und Sprachtraining in einem: 20 typisch deutsche Gerichte zum Nachkochen sowie zahlreiche Übungen laden Sie dazu ein, mit Spaß und Genuss Ihre Sprachkenntnisse aufzufrischen.

Die herzhafte Küche Deutschlands ist facettenreich und bietet für jeden Geschmack eine reiche Auswahl: Von feinen Suppen wie der *Kartoffelsuppe* oder der *Grießklößchensuppe* über vielfältige Fleisch- und Fischgerichte, aber auch vegetarische Speisen wie den beliebten *Spargel mit Sauce Hollandaise* bis hin zu leckeren Desserts und Kuchen: Deutsches Essen ist einfach zuzubereiten, macht satt und schmeckt hervorragend.

Im Anschluss an jedes Rezept können Sie anhand von abwechslungsreichen Sprachübungen Ihre Deutschkenntnisse mühelos verbessern und vertiefen. Unbekanntes Vokabular wird direkt auf der Rezeptseite erklärt und kann so auf einen Blick erfasst werden. Zusätzlich bieten Ihnen Infokästen kreative Zubereitungsvarianten oder Wissenswertes zu Sprache und Landeskunde. Am Ende des Buches finden Sie ein alphabetisches Glossar, in dem Sie alle Vokabeln noch einmal nachschlagen können, sowie die Lösungen zu den Übungen.

Viel Spaß beim *Kochen auf Deutsch* und *guten Appetit!*

Inhaltsverzeichnis

Vorspeisen, Suppen, Imbisse

Ob eine Suppe als Bestandteil eines Menüs, der Heringsalat auf Partys oder einfach eine Currywurst für die kurze Pause zwischendurch. Die folgenden Gerichte sind einfach in der Zubereitung und abwechslungsreich. Sie eignen sich ebenso als Vorspeise wie als Snack für den kleinen Hunger. Die Currywurst wird übrigens auch gerne unterwegs an den typischen Imbiss-Ständen gegessen.

Wärmende Suppen wie die Erbsensuppe werden in deutschen Restaurants häufig als Vorspeise serviert. In echt deutschen Wirtshäusern ist eine Suppe vor der Hauptspeise gang und gäbe. Die Gerichte sind so lecker, dass man aufpassen muss, noch genug Hunger für die Hauptspeise zu haben!

Kartoffelsuppe

Die Kartoffel gilt als *das* deutsche Gemüse und ist als Beilage oder Hauptgericht in der deutschen Küche nicht wegzudenken. Die Kartoffelsuppe ist besonders in den kalten Wintermonaten zu empfehlen: Sie wärmt nicht nur von innen heraus, sondern sättigt auch noch langanhaltend!

Zubereitungszeit: 45 Minuten **Für 4 Personen**

Zutaten:

- 100 g durchwachsener Speck
- 2 Zwiebeln
- 1 kg Kartoffeln
- 1 Stange Lauch
- 1 Möhre
- 1 l Gemüsebrühe
- Salz, Pfeffer, Muskatnuss
- 3 Stängel Petersilie (nach Belieben)

1 Die Zwiebeln schälen und fein hacken, den Speck in kleine Würfel schneiden.

2 Die Kartoffeln waschen, schälen und in grobe Würfel schneiden.

3 Den Lauch gründlich waschen und in feine Ringe schneiden.

4 Die Möhre schälen und klein hacken.

5 Den Speck mit den Zwiebeln in einem großen Topf in Öl oder Butter anbraten bis die Zwiebeln leicht gebräunt sind.

6 Die Kartoffelwürfel, die Lauchringe und die geschnittene Möhre hinzugeben und kurz mitbraten.

7 Die Brühe hinzugießen und nach dem Aufkochen circa 15 Minuten auf mittlerer Hitze köcheln lassen.

8 Die Kartoffelsuppe nach Ende der Garzeit mit Salz, Pfeffer und Muskatnuss kräftig abschmecken.

9 Vor dem Servieren nach Belieben mit gehackter Petersilie bestreuen.

Tipp

Vegetarier können statt Speck einfach Räuchertofu nehmen. Für die Kartoffelsuppe eignen sich mehligkochende Kartoffelsorten wie z. B. Afra, Freya oder Karlena besonders gut.

abschmecken	den Geschmack einer Speise prüfen und nochmals würzen
aufkochen	kurz so heiß machen, dass es kocht
bestreuen	dünn auf einer Fläche verteilen
durchwachsen	so, dass Fett und mageres Fleisch im Wechsel zusammengewachsen sind
Garzeit, die	Zeit, wie lange etwas kochen soll, bis es fertig ist
Gemüsebrühe, die	würziges Wasser, das nach dem Kochen von Gemüse übrig bleibt
gründlich	*hier:* so lange, bis er sauber ist
hacken	in kleine Stücke schneiden
köcheln	leicht kochen
Lauch, der	Gemüse, dessen lange weißgrüne Blätter ähnlich wie Zwiebeln schmecken
mehligkochend	so, dass sie beim Kochen sehr weich werden
Muskatnuss, die	dunkelbrauner, runder Kern einer tropischen Pflanze
nach Belieben	nach Geschmack; so, wie man es mag
Petersilie, die	Pflanze, deren Blätter man zum Würzen verwendet
schälen	die Haut von Gemüse oder Früchten wegmachen
Stange, die	ein ganzes, langes Stück
Stängel, der	langer, dünner Teil einer Pflanze
Würfel, der	*hier:* kleines Stück, ungefähr in der Form eines Quadrats

Übung 1:

Bei Tisch. Bringen Sie folgende Sätze in die richtige Reihenfolge!

- ☐ Das Essen ist fertig!
- ☐ Lasst uns vor dem Essen anstoßen!
- ☐ Ich bin satt!
- ☐ Danke, gleichfalls!
- ☐ Guten Appetit!
- ☐ Schmeckt euch das Essen?
- ☐ Prost! Zum Wohl!
- ☐ Gibst du mir das Salz, bitte?

Übung 2:

Vergleiche. *Wie* oder *als*? Welche Konjunktion ist die richtige? Ergänzen Sie das passende Wort!

1. Ich koche so gerne .... du!
2. Kartoffeln sind größer .... Erbsen.
3. Hast Du mehr eingekauft .... ich?
4. Äpfel sind genauso groß .... Birnen.
5. Diese Suppe schmeckt besser .... der Salat.
6. Das Abendessen ist genauso gut .... das Mittagessen.
7. Ich bin so satt .... noch nie!
8. Heute essen wir früher .... gestern.

Übung 3:

Adjektive. Wie lautet das Gegenteil? Schreiben Sie auf!

1. dunkel ....
2. schnell ....
3. jung ....
4. kurz ....
5. schön ....
6. dick ....
7. groß ....
8. lieb ....

Übung 4:

Adjektivendungen. Ergänzen Sie die fehlenden Adjektivendungen!

1. Ich esse eine lecker...... Kartoffelsuppe.
2. Das ist ein toll...... Essen!
3. Die Petersilie hat grün...... Blätter.
4. Ich schneide den Lauch in fein...... Ringe.

Übung 5:

Buchstabensalat. Entwirren Sie die Wörter und markieren Sie mit ✓ oder –, ob man die Zutaten für die Kartoffelsuppe braucht!

1. ❑ brettu ....
2. ❑ rehmö ....
3. ❑ siepleriet ....
4. ❑ bieleg ....
5. ❑ skepc ....
6. ❑ lasz ....
7. ❑ niew ....
8. ❑ ferpfe ....

Schwäbische Grießklößchensuppe

Die Grießklößchensuppe (österreichisch *Grießnockerlsuppe*) ist eine einfach zuzubereitende und sättigende Suppe, die sich sowohl als Vorspeise als auch als Hauptspeise eignet. Besonders bekannt ist das schmackhafte Süppchen in Süddeutschland und Österreich.

Zubereitungszeit: 40 Minuten **Für 4 Personen**

Zutaten:

- 1 ½ l Gemüsebrühe oder Rinderbrühe
- 30 g Butter
- 1 Ei
- Salz, Pfeffer
- Muskatnuss, frisch gerieben
- 85 g Hartweizengrieß
- 1 Bund Schnittlauch oder Petersilie

1 Eine Gemüsebrühe oder Rinderbrühe aufkochen.

2 Die weiche Butter mit dem Ei, einer Prise Salz, nach Belieben etwas Pfeffer und geriebener Muskatnuss verrühren und mit dem Grieß zu einem Teig vermengen.

3 Den Teig mit zwei angefeuchteten Teelöffeln zu kleinen Klößchen formen und in die kochende Fleisch- oder Gemüsebrühe legen. Die Klößchen gehen im Wasser stark auf, deshalb lieber sehr kleine Nocken formen.

4 Die Grießklößchen bei geringer Temperatur etwa 20 Minuten garen, dann von der Kochplatte nehmen und noch einige Minuten ziehen lassen.

5 Die Grießklößchen aus der Brühe nehmen und in Suppenteller legen. Dann die Klößchen mit der Brühe übergießen und nach Belieben mit Schnittlauch oder Petersilie bestreuen.

Wussten Sie schon?

Unsere Grießklößchen heißen in Österreich „Grießnockerln“ oder „Grießnocken“. Es gibt sie auch als Süßspeise, wie zum Beispiel die Salzburger Nockerln, die übrigens die verschneiten Salzburger Berge darstellen sollen.

auf kleiner Flamme	bei niedriger Temperatur
aufgehen	*hier:* größer werden
aufkochen	kurz so heiß machen, dass es kocht
bestreuen	dünn über eine Fläche geben
Bund, der	mehrere Pflanzen zusammen
garen	so lange kochen, bis ein Lebensmittel weich ist
Gemüsebrühe, die	würziges Wasser, das nach dem Kochen von Gemüse übrig bleibt
Hartweizengrieß, der	sehr kleine Getreidekerne
Kochplatte, die	meistens runde Stelle auf einem Herd, den man heizen kann
Muskatnuss, die	dunkelbrauner, runder Kern einer tropischen Pflanze
nach Belieben	nach Geschmack; so, wie man es mag
Nocke, die / Nockerl, das	Klößchen
Petersilie, die	Pflanze, deren Blätter man zum Würzen verwendet
Prise, die	kleine Menge, die zwischen zwei Fingern Platz hat
reiben	mit einem Küchengerät in ganz feine, kleine Teile machen
schmackhaft	so, dass es gut schmeckt
Schnittlauch, der	Pflanze, deren lange, dünne Blätter man zum Würzen verwendet
Teig, der	*hier:* weiche, ungekochte Mischung
vermengen	mischen
verrühren	mischen
ziehen lassen	für einige Zeit in heißem, nicht kochendem Wasser lassen
zubereiten	kochen oder braten

Übung 1:

Vokabeln. Ergänzen Sie die Zutaten in den folgenden Sätzen!

Muskatnuss **Pfeffer** **Butter** **Schnittlauch**

1. Den .... klein hacken.
2. Die .... reiben.
3. Die .... mit dem Ei vermengen.
4. Nach Belieben mit etwas .... würzen.

Übung 2:

Verben. Konjugieren Sie die Verben in Klammern richtig! Achten Sie darauf, ob es sich um teilbare Verben handelt (Bsp. *aufgehen* → der Teig *geht auf*).

1. Man (aufkochen) .... eine Brühe ....
2. Sie (formen) .... die Klößchen ....
3. Wir (waschen) .... die Petersilie ....
4. Ihr (kleinhacken) .... die Petersilie ....

Übung 3:

Wortbildung. Finden Sie den jeweils passenden Begriff im Grießklößchen-Rezept!

1. Die Suppe macht satt. Sie ist ....
2. Ein tiefer Teller ist ein ....
3. Zutaten vermischen mit einem Kochlöffel: ....
4. Eine Brühe aus Gemüse ist eine ....

Übung 4:

Wählen Sie aus! Welches Wort passt? Unterstreichen Sie!

1. Die Suppe besteht aus **Mehl** / **Grieß**.
2. Sie wird vor allem in **Norddeutschland** / **Süddeutschland** gegessen.
3. Man braucht **einen Topf** / **eine Pfanne**.
4. Petersilie ist **eine Grünpflanze** / **ein Nutztier**.

Übung 5:

Verben. Konjugieren Sie die folgenden Verben im Perfekt!

1. hacken ihr ....
2. vermengen ich ....
3. aufkochen du ....
4. vermischen wir ....

Übung 6:

Wortarten. Bilden Sie aus den vorgegebenen Adjektiven und Verben jeweils ein Substantiv!

1. kalt ....
2. mischen ....
3. tief ....
4. gießen ....
5. formen ....
6. groß ....

Erbsensuppe

Das grüne Gemüse hat es in sich: Erbsen sind nicht nur unglaublich eiweißreich, sondern enthalten besonders viel Vitamin B1 und B2, echte Energielieferanten in der kalten Jahreszeit! Für eine exotische Variante tauscht man grüne Erbsen mit gelben aus.

Zubereitungszeit: 40 Minuten **Für 4 Personen**

Zutaten:

- 350 g frische Erbsen (tiefgekühlt)
- 1 große Kartoffel
- 1 kleine Stange Lauch
- 1 l Gemüsebrühe
- 100 g Sahne
- Salz, Muskatnuss
- Croutons
- Kräuter (nach Belieben)

1 Den Lauch putzen, die Kartoffel waschen, schälen und beides in kleine Stücke schneiden.

2 In einem großen Topf die Erbsen und die Lauch- und Kartoffelstücke mit etwas Öl anbraten.

3 Die Gemüsebrühe hinzugeben und bei mittlerer Hitze ca. 15 Minuten kochen lassen.

4 Die Sahne hinzugießen.

5 Anschließend die Suppe mit dem Stabmixer pürieren.

6 Die Suppe mit Salz und Muskatnuss abschmecken und nach Belieben Croutons und Kräuter darüberstreuen.

TIPP

Als Ersatz für die Erbsen kann man auch Linsen nehmen. Nach Belieben kann man in Scheiben geschnittene oder auch ganze Wiener Würstchen hinzugeben, die man kurz erhitzt, aber nicht mehr kocht.

abschmecken	den Geschmack einer Speise prüfen und nochmals würzen
austauschen	eine Sache statt einer anderen nehmen
Erbse, die	kleine, runde, grüne Frucht, die man gekocht als Gemüse isst
es in sich haben	eine starke, intensive Wirkung haben
Gemüsebrühe, die	würziges Wasser, das nach dem Kochen von Gemüse übrig bleibt
Lauch, der	Gemüse, dessen lange weiß-grüne Blätter ähnlich wie Zwiebeln schmecken
Linse, die	kleine, runde, braune, rote oder gelbe Frucht einer Pflanze
Muskatnuss, die	dunkelbrauner, runder Kern einer tropischen Pflanze
nach Belieben	nach Geschmack; so, wie man es mag
schälen	die Haut von Gemüse oder Früchten wegmachen
Scheibe, die	dünnes, oft rundes Stück
Stabmixer, der	elektrisches Gerät zum Mischen
Stange, die	ein ganzes, langes Stück
unglaublich	*hier:* sehr

Übung 1:

Satzstellung. Bilden Sie ganze Sätze und ergänzen Sie die fehlenden Wörter!

1. Suppe kochen Topf

   ....

2. Tisch Hans decken

   ....

3. Freund Essen einladen ich

   ....

4. gut Suppe schmecken

   ....

Übung 2:

Artikel. *Der*, *die* oder *das*? Ergänzen Sie den bestimmten Artikel!

1. .... Suppe	4. .... Erbse	7. .... Sprache
2. .... Tisch	5. .... Lauch	8. .... Koffer
3. .... Wort	6. .... Salz	9. .... Kartoffel

Übung 3:

Wortbildung. Bilden Sie Wörter aus dem Erbsensuppen-Rezept!

geben kühlt aus ge glaub ent hin un lich
tauschen be halten sonders zu tief

1.	4. ....
2.	5. ....
3.	6. ....

Übung 4:

Wortschatz. Wie heißt das Gemüse auf Deutsch? Ordnen Sie zu!

- ☐ die Tomate
- ☐ der Brokkoli
- ☐ die Zucchini
- ☐ die Bohne
- ☐ die Karotte / die Möhre
- ☐ der Rotkohl
- ☐ die Paprika
- ☐ die Zwiebel
- ☐ der Blumenkohl

Übung 5:

Personalpronomen. Ergänzen Sie die fehlenden Personalpronomen!

1. Wir nehmen die Erbsen. Wir nehmen ....
2. Ich koche das Essen. Ich koche ....
3. Peter schneidet die Kartoffel. Peter schneidet ....
4. Kaufst Du den Lauch ein? Kaufst Du .... ein?

Heringsalat mit Roter Bete

Der Heringsalat ist ein Gericht aus Norddeutschland. Es gibt zahlreiche Varianten, sodass für jeden Geschmack das richtige dabei ist. Meist werden Äpfel und Rote Bete verwendet, es gibt aber auch Varianten mit Kartoffeln und Ei.

Zubereitungszeit: 60 Minuten **Für 4 Personen**

Zutaten:

- 3 gekochte Rote-Bete-Knollen
- 1–2 Äpfel
- 1–2 Möhren
- 1 kleine Zwiebel
- 1–2 TL Kapern
- 8 Matjesfilets
- 250 g saure Sahne
- 1 EL Sonnenblumenöl
- 1 EL Apfelessig
- Salz, Pfeffer
- 1 TL Zucker
- 2 EL gehackte Dillspitzen

1 Die Rote Bete, die Möhren und die Äpfel schälen und in kleine Würfel schneiden.

2 Die Zwiebel schälen und fein hacken. Die Matjesfilets trocken tupfen und in kleine Stücke schneiden.

3 In einer Schüssel die saure Sahne, das Sonnenblumenöl und den Apfelessig verrühren. Mit Salz, Pfeffer und Zucker abschmecken.

4 Die Rote Bete, die Äpfel, die Zwiebeln und die Kapern in einer Salatschüssel vermengen. Die Soße darüber geben und alles mischen. Den Salat 20 Minuten lang ziehen lassen.

5 Alles noch einmal mit Gewürzen abschmecken und die Matjesstücke unterheben. Den Salat mit gehacktem Dill servieren.

Tipp

Halten Sie beim Schälen und Schneiden von Zwiebeln den Mund geschlossen und atmen Sie nur durch die Nase! So verhindern Sie das gefürchtete Brennen und Tränen der Augen.

abschmecken den Geschmack einer Speise prüfen und nochmals würzen
abtropfen trocknen
brennen *irr* *hier:* wegen der Zwiebelschärfe schmerzen
Dillspitze, die äußerster, dünner Teil der Gewürzpflanze Dill
hacken in kleine Stücke schneiden
Kaper, die in Essig eingelegte, kleine würzige, grüne Frucht
Knolle, die dicker, häufig essbarer Teil einer Pflanze
Matjesfilet, das gesalzener, junger, silberfarbener Meeresfisch
Rote Bete, die rote, runde Gemüsepflanze, die unter der Erde wächst
schälen die Haut von Gemüse oder Früchten wegmachen
Scheibe, die dünnes, oft rundes Stück
tränen beim Weinen Wassertropfen produzieren
trocken tupfen mit einem Papiertuch durch wiederholtes leichtes Drücken trocknen
unterheben *irr* *hier:* die Fischstücke vorsichtig mit dem Salat mischen
vermengen mischen
verrühren mischen
Würfel, der *hier:* kleines Stück, ungefähr in der Form eines Quadrats
ziehen lassen *irr* *hier:* für einige Zeit stehen lassen

Übung 1:

Kochschritte. Bringen Sie die Zubereitungsschritte für den Heringsalat in die richtige Reihenfolge!

a) Den Salat 20 Minuten lang ziehen lassen.

b) Den Salat mit Dill bestreuen.

c) Die Rote Bete in Würfel schneiden.

d) Die Sahne mit dem Apfelessig verrühren.

e) Die Matjesfilets trocken tupfen.

f) Die Zwiebel schälen.

1	2	3	4	5	6

Übung 2:

Feste Wendungen. Verbinden Sie die folgenden Elemente und bilden Sie feststehende Wendungen aus Küche und Schifffahrt!

1. Guten	a) los!
2. Schiff	b) Heil!
3. Herzlich	c) Appetit!
4. Petri	d) Ahoi!
5. Mann	e) willkommen!
6. Leinen	f) über Bord!

Übung 3:

Konjugation. Die folgenden Verben sind unregelmäßig. Konjugieren Sie sie jeweils in den angegebenen Formen!

	Präsens	Imperfekt
1. schneiden (3. Person Plural)	....	....
2. fangen (1. Person Singular)	....	....
3. waschen (2. Person Singular)	....	....
4. ziehen (1. Person Plural)	....	....
5. essen (2. Person Plural)	....	....
6. geben (3. Person Singular)	....	....

Übung 4:

Schreibfehler. Die folgenden Wörter sind falsch geschrieben. Korrigieren Sie sie!

1. Mattjes ....
2. Gewürtze ....
3. Rote Bette ....
4. Nordeutschland ....
5. Sosse ....
6. Herring ....
7. verühren ....
8. Sonnblumenöl ....

Übung 5:

Definitionen. Finden Sie die gesuchten Begriffe!

1. nördlicher Teil Deutschlands ....
2. kleine, grüne Gemüsepflanze in Essigwasser ....
3. hellbraune Knolle, die unter der Erde wächst ....
4. großes, rundes Gefäß zum Zubereiten und Servieren von Speisen ....

Currywurst

Die erste Currywurst soll es angeblich nach dem Zweiten Weltkrieg in Berlin gegeben haben. So wundert es nicht, dass dieser Speise in der Hauptstadt Deutschlands sogar ein ganzes Museum gewidmet ist: das Currywurst-Museum.

Zubereitungszeit: 25 Minuten   Für 4 Personen

Zutaten:

- 4 Grillbratwürste
- 2 kleine Zwiebeln
- 2 EL Olivenöl
- 1 EL Tomatenmark
- 500 g Tomaten, passiert
- 2 EL Honig
- 3 EL Essig (Balsamico)
- 1 EL Gemüsebrühe
- 1 EL Worcestersoße
- 1-2 EL Currypulver
- 1 TL Paprikapulver, scharf

1 Die Zwiebeln schälen und fein hacken.

2 In einem Topf die Zwiebeln in Öl leicht anbraten, Tomatenmark hinzugeben und kurz mitrösten.

3 Danach die passierten Tomaten mit der Gemüsebrühe hinzugeben und köcheln lassen.

4 In der Zwischenzeit die Würstchen in wenig Öl in der Pfanne kross braten.

5 Nach circa zehn Minuten den Essig und den Honig zu der Tomatensoße hinzugeben.

6 Die Soße mit Curry, Paprikapulver und Worcestersoße abschmecken.

7 Die Currywurst-Soße über die warmen Bratwürste geben und sofort servieren.

8 Nach Belieben mit Currypulver bestreuen.

TIPP

Zur Currywurst isst man Pommes frites mit Mayonnaise und Ketchup.

abschmecken	den Geschmack einer Speise prüfen und nochmals würzen
bestreuen	dünn über eine Fläche geben
Currypulver, das	Currygewürz als trockene, feine Substanz
Gemüsebrühe, die	würziges Wasser, das nach dem Kochen von Gemüse übrig bleibt
hacken	in kleine Stücke schneiden
köcheln	leicht kochen
kross	außen hart und braun
mitrösten	auch braun braten
nach Belieben	nach Geschmack; so, wie man es mag
Paprikapulver, das	Paprikapflanze als Gewürz in Form einer trockenen, feinen Substanz
passieren	*hier:* durch ein Gerät mit vielen kleinen Löchern drücken
schälen	die Haut von Gemüse oder Früchten wegmachen
Tomatenmark, das	Konzentrat aus Tomaten
widmen	*hier:* als Ausstellungsort verwenden zur Erinnerung an

Übung 1:

Substantive. Bilden Sie zusammengesetzte Substantive!

1. ☐ Brat — a) öl
2. ☐ Gemüse — b) pulver
3. ☐ Paprika — c) brühe
4. ☐ Oliven — d) wurst

Übung 2:

Satzbildung. Bilden Sie Sätze in der vorgegebenen Zeit!

1. haben - du - schon einmal - Currywurst - braten (Perfekt)

   .... ?

2. das Essen - sein - sehr lecker (Präteritum)

   ....

Übung 3:

Konjunktionen. Verbinden Sie beide Sätze mit der angegebenen Konjunktion!

1. (während) Er liest das Rezept. Er fährt in der U-Bahn.

   .... ?

2. (und) Die Currywurst-Soße über die Bratwürste geben. Sofort servieren.

   .... ?

3. (sondern) Ich nehme kein Olivenöl. Ich nehme Rapsöl.

   ....

4. (denn) Ich kann heute nicht zu dir kommen. Ich habe Fieber.

   ....

Hauptspeisen

Die deutsche Küche ist vielseitig! Die folgenden zehn Hauptgerichte sind lecker und machen garantiert satt. Ob Fleisch, Fisch oder vegetarisch: Hier ist vom berühmten Schnitzel über den deftigen Schweinebraten oder die Käsespätzle bis hin zur feinen Forelle nach Müllerin Art für jeden Geschmack etwas dabei.

Rezepte mit fleischhaltigen Beilagen können übrigens auch vegetarisch zubereitet werden: Lassen Sie zum die Speckwürfel im Zwiebelkuchen ganz einfach weg oder probieren Sie doch mal ein Soja-Schnitzel ...

Paniertes Schnitzel mit Pommes frites

Das Schnitzel gilt als eines der beliebtesten deutschen Gerichte. Mit den unterschiedlichsten Beilagen ist es ein allseits beliebtes Essen. Es gibt sogar vegetarische Varianten, zum Beispiel aus Soja ...

Zubereitungszeit: 30 Minuten **Für 4 Personen**

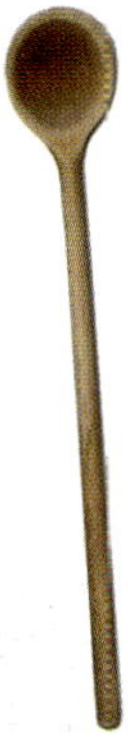

Zutaten:

- 4 Schweineschnitzel
- 5 EL Mehl
- 6 EL Paniermehl
- 1-2 Eier
- 40 g Butter
- 1 Zitrone
- 1 kg neue Kartoffeln
- 1 Kopfsalat
- 1-2 rote Paprika
- 2 EL Öl
- 1 EL Essig
- 1 EL Senf
- Salz und Pfeffer

TIPP

Ob von der Pute, vom Kalb oder vom Schwein und für Vegetarier sogar aus Soja – es gibt viele verschiedene Schnitzelvarianten. Probieren Sie aus, was Ihnen am besten schmeckt.

1 Die Schnitzel mit Küchenpapier abtupfen, mit einem Fleischklopfer flach klopfen und mit Salz und Pfeffer würzen.

2 Das Ei in einem tiefen Teller verquirlen. Mehl in einen weiteren Teller füllen. In einen dritten Teller Paniermehl streuen.

3 Die Schnitzel nacheinander erst in Mehl, dann in dem verquirlten Ei und zuletzt im Paniermehl wenden.

4 Den Backofen auf 220 Grad vorheizen. Kartoffeln schälen und in dünne Schnitze schneiden und gut waschen. Anschließend abtrocknen und in Öl wenden. Auf einem Backblech mit Backpapier circa 20 Minuten backen.

5 Den Kopfsalat und die Paprika waschen und kleinschneiden. Beides in eine Salatschüssel geben.

6 Für die Salatsoße in einer kleinen Tasse Öl, Essig, Wasser und Senf vermengen und mit Salz und Pfeffer würzen.

7 Butter in einer Pfanne erhitzen. Schnitzel bei mittlerer Hitze auf beiden Seiten panieren. In einer weiteren Pfanne in etwas Butter kurz auf kleiner Flamme fertig braten.

8 Zum Schluss den Salat mit der Essig-Öl-Soße übergießen und die Schnitzel mit Salat, Pommes und Zitrone servieren.

abtupfen	mit einem Papiertuch durch wiederholtes leichtes Drücken trocknen
allseits	bei allen; überall
auf kleiner Flamme	bei niedriger Temperatur
Backblech, das	flache, viereckige Form zum Backen
Backpapier, das	spezielles Papier, damit nichts in der Form kleben bleibt
Kalb, das	junges Rind
Kopfsalat, der	hellgrüner Salat in der Form eines Kopfes
neu	*hier:* frisch geerntet
Paniermehl, das	geriebenes hartes Brot
Paprika, der/die	rote, grüne oder gelbe Gemüsepflanze
Pute, die	großer Hühnervogel
schälen	die Haut von Gemüse oder Früchten wegmachen
Schnitz, der	halbmondförmig geschnittener Teil
streuen	dünn auf einer Fläche verteilen
vermengen	mischen
verquirlen	mit einer Gabel mischen
wenden	hin und her drehen

Übung 1:

Dativ oder Akkusativ? Vervollständigen Sie die Sätze mit dem korrekt gebeugten bestimmten oder unbestimmten Artikel!

1. Ich brauche .... Fleischklopfer.
2. Das Schnitzel liegt in .... Pfanne.
3. Heute essen wir .... Schnitzel.
4. Heizt du schon .... Backofen vor?
5. Das Fleisch stammt von .... Schweinen unseres Nachbarn.
6. Sabine hat .... Tisch gedeckt.
7. Sollen wir .... Nachtisch essen?
8. Jetzt müssen wir leider .... Abwasch machen.

Übung 2:

Obst und Gemüse. Welche der Zutaten für das Schnitzelrezept bekommen Sie beim Obst- und Gemüsehändler?

1. ....
2. ....
3. ....
4. ....

Übung 3:

Wer macht was? Konjugieren Sie die Verben korrekt!

1. Anton **schälen** .... die Kartoffeln.
2. Ich **flach klopfen** .... das Schnitzel ....
3. Ihr **waschen** .... den Salat.
4. Du **verquirlen** .... das Eigelb.

Übung 4:

Kochschritte. Welche der folgenden Schritte sind nicht nötig? Unterstreichen Sie und bringen Sie die übrigen Schritte in die richtige Reihenfolge!

Schnitzel kaufen   Kartoffeln schälen   Salat pflücken

Paprika schneiden   Mehl sieben   Schnitzel abtupfen

Zitrone waschen   Senf erhitzen

....

....

....

Übung 5:

Pluralbildung. Bilden Sie den Plural zu den folgenden Substantiven. Geben Sie jeweils den bestimmten Artikel mit an!

1. Schnitzel ....
2. Salat ....
3. Teller ....
4. Öl ....
5. Pfanne ....
6. Gericht ....
7. Ei ....
8. Zitrone ....
9. Backofen ....
10. Schüssel ....

Rinderrouladen mit Salzkartoffeln und Rotkraut

Rinderrouladen sind echte Hausmannskost und ein traditionelles Sonntagsgericht. Das leckere Essen macht nicht nur satt, sondern auch glücklich!

Zubereitungszeit: 90 Minuten **Für 4 Personen**

Zutaten:

- 4 Rouladen vom Rind
- 250 g geräucherten Speck
- 3 EL Senf
- 4 Gewürzgurken
- 1 l Fleischbrühe
- 1 Zwiebel
- 2 EL Schweineschmalz
- 1 Kopf Rotkohl
- 1 großer Apfel
- 4 Gewürznelken
- 1 Zimtstange
- 100 ml Rotwein
- 50 ml Rotweinessig
- Salz, Pfeffer, Zucker
- Olivenöl

1 Die Rouladen ausrollen, mit Senf bestreichen, salzen, pfeffern und mit geräuchertem Speck belegen.

2 Die Gewürzgurken in Scheiben schneiden und ebenfalls auf die Rouladen legen. Das Fleisch aufrollen und mit Rouladenspießen oder Zahnstochern zusammenhalten.

3 Rouladen in einem Bräter im heißen Olivenöl stark anbraten. Dann Fleischbrühe dazugießen und ca. 1,5 Stunde bei geschlossenem Deckel leicht kochen lassen.

4 Den Rotkohl halbieren, den Strunk herausschneiden und den Rotkohl in feine Streifen schneiden. Den Apfel schälen und würfeln. Die Zwiebel klein hacken.

5 Die Zwiebel in Schweineschmalz anbraten, den Rotkohl und den Apfel hinzugeben.

6 Nach circa fünf Minuten Rotwein, Essig, Zimtstange und Nelken hinzugeben. Im geschlossenem Topf circa 30–40 Minuten bei mittlerer Hitze köcheln lassen. Mit Salz, Pfeffer und Zucker abschmecken.

7 Kartoffeln schälen und 30 Minuten in Salzwasser kochen lassen.

8 Die Rouladen zusammen mit dem Rotkohl, der Soße und den Salzkartoffeln servieren.

TIPP

Statt Salzkartoffeln kann man auch Kartoffelpüree, Spätzle oder Klöße dazu servieren.

abschmecken	den Geschmack einer Speise prüfen
ausrollen	flach und glatt machen
bestreichen	Mischung auf einer Fläche verteilen
Bräter, der	ovale, tiefe Pfanne mit Deckel
Fleischbrühe, die	würziges Wasser, das nach dem Kochen von Fleisch übrig bleibt
geräuchert	in Rauch gehängt und dadurch konserviert
Gewürzgurke, die	kleine, grüne Gemüsepflanze in Essigsoße
Gewürznelke, die	Gewürz von einem tropischen Baum
hacken	in kleine Stücke schneiden
Hausmannskost, die	einfaches Essen, das in Familien gekocht wird
Rotkohl, der	rundes, rotes Wintergemüse
Roulade, die	dünnes Stück Fleisch, das gefüllt, gerollt und gebraten wird
Rouladenspieß, der	dünner Gegenstand aus Metall
schälen	die Haut wegmachen
Scheibe, die	dünnes, oft rundes Stück
Schweineschmalz, der	weißes, weiches Fett vom Schwein
Streifen, der	langes, schmales Stück
Strunk, der	dicker, innerer Teil einer Pflanze
würfeln	in die Form kleiner Quadrate schneiden
Zahnstocher, der	langer, sehr dünner, Gegenstand aus Holz
Zimtstange, die	langes, dünnes Stück von einem braunen Gewürz
Zungenbrecher, der	Satz, der schwer auszusprechen ist

Übung 1:

Präpositionen. Setzen Sie die passende Präposition ein!

1. Ich habe gestern eine Stunde .... dich gewartet.
2. Kannst du dich noch .... das leckere Gericht .... gestern erinnern?
3. Morgen möchte ich .... meinen Freunden meinen Geburtstag feiern.
4. Wir möchten am liebsten Rinderrouladen .... einem Restaurant essen.
5. Kannst Du .... Donnerstag zum Essen zu mir kommen?
6. Ich fahre morgen wieder .... Hause.

Übung 2:

Rechtschreibung. Schreiben Sie den Text noch einmal und finden Sie die Satzenden. Achten Sie auf Groß- und Kleinschreibung!

ICHSTEHEJEDENMORGENUMSIEBENUHRAUFUNDFRÜHSTÜCKEMITMEINERFAMILIEDANACHFAHREICHINDENDEUTSCHKURSUNDLERNEDEUTSCHUMHALBZWEIFAHREICHMITDERUBAHNWIEDERNACHHAUSEUNTERWEGSKAUFEICHIMSUPERMARKTEINABENDSKOCHEICHRINDERROULADENUNDMEINEFAMILIEFREUTSICHÜBERDASGUTEESSEN

....

....

....

....

....

....

Übung 3:

Richtig oder falsch? Welche Aussagen sind korrekt? Kreuzen Sie an!

1. Rinderrouladen werden im Ofen gebraten. ❑
2. Rotkohl wird in feine Streifen geschnitten. ❑
3. Salzkartoffeln werden klein gehackt. ❑
4. Statt Salzkartoffeln kann man auch Knödel/Klöße zu den Rinderrouladen servieren. ❑

Übung 4:

Satzbildung. Was macht man am Abend, wenn man nicht kocht? Bringen Sie die Silben in die richtige Reihenfolge!

1. en seh en Fern schau ....
2. ren Mu hö sik ....
3. ge ins no Ki hen ....
4. chen nichts ma ....
5. tref den sich Freun mit fen ....
6. nung die put Woh zen ....
7. fen hen früh ge schla ....

ROTKOHL ODER BLAUKRAUT?

Ein anderes Wort für Rotkohl ist Blaukraut. Versuchen Sie doch mal, den folgenden Satz auszusprechen:
„Blaukraut bleibt Blaukraut und Brautkleid bleibt Brautkleid."
Vor allem mehrmals hintereinander ist das ein echter Zungenbrecher. Das fällt auch deutschen Muttersprachlern sehr schwer!

Frikadellen mit Kartoffelsalat

Ob Frikadellen, Fleischpflanzerl, Fleischküchle oder Bouletten – die beliebten Hackfleischbällchen sind einfach in der Zubereitung und lecker!

Zubereitungszeit: 60 Minuten **Für 4 Personen**

Zutaten:

- 400 g Hackfleisch
- 1 kg festkochende Kartoffeln
- 250 ml Gemüsebrühe
- 1 altbackenes Brötchen
- 1 Ei
- 1 Knoblauchzehe
- 2 Schalotten
- 1 Zwiebel
- 1 Bund Petersilie
- 1 Messerspitze geriebene Zitronenschale
- 1 EL Mehl
- 3 EL Essig
- Öl
- Pfeffer, Salz, Zucker

TIPP

Frikadellen eignen sich wunderbar als Party-Snack oder für ein Picknick. Denn sie schmecken auch kalt noch sehr lecker! Ein beliebtes Getränk zu Frikadellen ist übrigens Bier.

1 Die geschälten Kartoffeln in Salzwasser circa 20 Minuten gar kochen. Anschließend abkühlen lassen und in Scheiben schneiden.

2 In einer Tasse Gemüsebrühe mit Essig, Senf, Pfeffer, Salz und etwas Zucker anrühren. Die Brühe etwas abkühlen lassen, über die Kartoffeln gießen und alles durchmischen.

3 In einer Pfanne die kleingeschnittenen Schalotten anrösten und in den Kartoffelsalat geben.

4 Das Brötchen in lauwarmem Wasser einweichen und ausdrücken.

5 Das Hackfleisch mit dem Brötchen, dem Mehl und dem Ei vermengen. Die Zwiebel, den Knoblauch und die Petersilie klein hacken und untermischen.

6 Die Hackfleischmischung mit Zitronenschale, Paprika, Salz und Pfeffer würzen und mit angefeuchteten Händen acht Frikadellen formen.

7 Öl in einer Pfanne erhitzen und die Frikadellen von beiden Seiten circa zehn bis zwölf Minuten braten.

8 Die Frikadellen mit dem Kartoffelsalat anrichten und mit Petersilie dekorieren.

abschmecken	den Geschmack einer Speise prüfen
altbacken	nicht mehr frisch
anrichten	auf Teller legen
anrösten	braun braten
anrühren	mischen
ausdrücken	*hier:* so fest drücken, bis kein Wasser mehr heraus-kommt
Bund, der	mehrere Pflanzen zusammen
einweichen	*hier:* so lange in Wasser legen, bis das Brötchen weich ist
festkochend	so, dass die Kartoffeln nach dem Kochen nicht zu weich sind
gar kochen	weich kochen
Gemüsebrühe, die	würziges Wasser, das nach dem Kochen von Gemüse übrig bleibt
klein hacken	in kleine Stücke schneiden
Knoblauchzehe, die	Teil von einem ganzen Knoblauch
Messerspitze, die	*hier:* kleine Menge, die ganz vorne auf einem Messer Platz hat
nach Belieben	so, wie man es mag
Petersilie, die	Pflanze, deren Blätter man zum Würzen verwendet
reiben *irr*	mit einem Küchengerät in ganz feine, kleine Teile machen
schälen	die Haut von Gemüse oder Früchten wegmachen
Schalotte, die	kleine, fein schmeckende Zwiebel
Scheibe, die	dünnes, oft rundes Stück
vermengen	mischen
Zitronenschale, die	Haut einer Zitrone
Zubereitung, die	Kochen oder Braten

Übung 1:

Wortbildung. Bilden Sie Adjektive aus den folgenden Wortteilen!

warm kochend liebt fest alt lau be backen

1. ....
2. ....
3. ....
4. ....

Übung 2:

Wortsalat. Bilden Sie sinnvolle Sätze!

1. gibt Montag Frikadellen uns jeden es bei

   ....

2. gedeckt Tisch jemand den schon hat

   .... ?

3. mache Kartoffelsalat ich den besten

   ....

4. Essen du zum kommst morgen

   .... ?

INTERNATIONALE VARIANTEN

Frikadellen lassen sich übrigens auch mit Fisch zubereiten. Außerdem gibt es internationale Varianten: Haben Sie schon einmal slawische Ćevapčići, schwedische Köttbullar oder türkische Köfte probiert?

Übung 3:

Worträtsel. Finden Sie die gesuchten Begriffe und enträtseln Sie das Lösungswort!

1. Das fertige Essen wird mit _ _ _ _ _ _ _ □ _ _ dekoriert.
2. Die Frikadellen werden in einer _ _ _ _ _ □ gebraten.
3. Wir holen ein altes _ _ _ _ □ _ _ _ beim Bäcker.
4. Die Kartoffeln müssen _ _ _ _ □ _ _ _ _ _ _ sein.
5. Man macht eine _ _ _ □ aus Gemüse, Essig und Senf.
6. Wir würzen die Hackfleischmasse mit Salz und _ _ _ _ _ _ □.

Lösung: Frikadellen sind □ □ □ □ □ □.

Übung 4:

Fragesätze. Bilden Sie Fragesätze aus den folgenden Satzteilen!

1. du mögen Kartoffelsalat

.... ?

2. wir machen die Gemüsebrühe zusammen

.... ?

3. du mitbringen Frikadellen zur Party

.... ?

4. Sie haben Brötchen von gestern

.... ?

5. du möchten ein Bier zum Essen

.... ?

6. wer spülen jetzt das Geschirr

.... ?

Schweinebraten mit Knödeln

Der Schweinebraten ist ein traditionsreiches Gericht. Es werden vor allem Nacken, Rücken und Schulter vom Schwein verwendet.

Zubereitungszeit: 90 Minuten **Für 4 Personen**

Zutaten:

- 750 g Schweinebraten
- 1 kg mehligkochende Kartoffeln
- 1 Bund Suppengemüse
- 2 TL Senf
- Pfeffer, Salz
- 1 Zwiebel
- Knoblauch
- 1 Ei
- ⅛ l Rotwein
- ¼ l Fleischbrühe
- 4 EL Paniermehl

1 Den Schweinebraten mit Senf bestreichen. Mit Salz und Pfeffer würzen.

2 Die Zwiebeln, den Knoblauch und das Suppengemüse klein schneiden und mit dem Braten in einem Topf mit Butterschmalz knusprig braten.

3 Den Rotwein dazugeben und den Braten auf niedriger Temperatur 90 Minuten lang schmoren lassen.

4 Die Hälfte der Kartoffeln schälen und 20 Minuten in Salzwasser gar kochen. Die andere Hälfte schälen und reiben. Die Kartoffelmasse in ein Tuch füllen und ausdrücken.

5 Das Kartoffelwasser in einem Gefäß auffangen. Wenn sich die Kartoffelstärke abgesetzt hat, das Wasser vorsichtig abgießen, bis nur noch die Stärke übrig ist.

6 Die geriebene Kartoffelmasse mit dem Ei, dem Salz, der Kartoffelstärke und dem Paniermehl vermengen. Die gekochten Kartoffeln durch eine Kartoffelpresse drücken und mit der rohen Kartoffelmasse vermischen.

7 Kartoffelknödel formen und in kochendem Salzwasser 20 Minuten lang bei mittlerer Hitze ziehen lassen.

8 Den Braten aus dem Topf nehmen. Die Soße mit der Fleischbrühe vermischen und kurz kochen lassen. Etwas Stärkemehl mit kaltem Wasser anrühren und unter die Bratensoße rühren.

TIPP

Statt Kartoffelknödeln kann man zu einem Schweinebraten auch Salzkartoffeln oder Kartoffelpüree, Spätzle oder Gemüse servieren. Oft wird auch Rotkraut dazu gegessen.

anrühren	mischen
bestreichen *irr*	eine weiche Mischung auf einer Fläche verteilen
Bund	mehrere Pflanzen zusammen
Butterschmalz, das	reines Butterfett
Fleischbrühe, die	würziges Wasser, das nach dem Kochen von Fleisch übrig bleibt
geschmeidig	glatt und weich
knusprig	außen hart
mehligkochend	so, dass die Kartoffeln beim Kochen sehr weich werden
Paniermehl, das	geriebenes hartes Brot
reiben *irr*	mit einem Küchengerät in ganz feine, kleine Teile machen
schmoren	langsam kochen, bis ein Lebensmittel weich ist
Teig, der	*hier:* weiche Mischung
verkneten	kräftig (meistens mit den Händen) drücken und dadurch mischen
ziehen lassen *irr*	für einige Zeit in heißem, nicht kochendem Wasser lassen

Übung 1:

Einkauf. Vervollständigen Sie den Einkaufszettel!

1. 750 g ....
2. 1 Flasche ....
3. 1 kg ....
4. 1 .... Suppengemüse

Übung 2:

Gitternetz. Finden Sie sechs Zutaten aus dem Schweinebraten-Rezept im Gitternetz!

Z	I	E	L	Q	E	N	N	R	S
W	I	S	E	N	F	U	L	O	A
I	M	M	E	N	U	T	A	T	L
E	S	I	T	U	N	R	V	W	Z
B	E	I	M	A	U	N	T	E	L
E	R	P	S	C	H	W	E	I	N
L	I	E	S	E	T	B	U	N	S
K	A	R	T	O	F	F	E	L	A

Übung 3:

Zusammengesetzte Verben. Verbinden Sie die Elemente so, dass Verben aus dem vorherigen Rezept entstehen!

1. dazu	a) lassen
2. knusprig	b) rühren
3. über	c) schneiden
4. kochen	d) geben
5. klein	e) gießen
6. unter	f) braten

Übung 4:

Präteritum und Perfekt. Bilden Sie die fehlenden Formen!

Infinitiv	3. Pers. Sg. Präteritum	Partizip Perfekt
1. braten	....	....
2. lassen	....	....
3. ziehen	....	....
4. gießen	....	....

Übung 5:

Zahlen. Schreiben Sie die folgenden Zahlen in Worten auf!

1. 90 ....

2. 20 ....

3. 750 ....

4. 15 ....

Frankfurter Rippchen mit Sauerkraut

Vor allem – aber nicht nur – in Hessen ist dieses Rezept beliebt. Es ist einfach in der Zubereitung und sehr lecker!

Zubereitungszeit: 90 Minuten **Für 4 Personen**

Zutaten:

- 4 Rippchen (Schweinekoteletts)
- 600 g Sauerkraut
- 1 kg mehligkochende Kartoffeln
- 1 Zwiebel
- 1 Bund Suppengemüse
- 250 ml Apfelwein
- 1 Lorbeerblatt
- 4 Gewürznelken
- 6 Wacholderbeeren
- 250 ml Milch
- 1 EL Butter
- Salz, Pfeffer, Zucker

Wussten Sie schon ?

Die in Hessen sehr beliebten Rippchen kann man auch kalt mit Brot oder Kartoffelsalat essen. Früher waren sie übrigens ein Essen für arme Leute.

1 Das Suppengemüse putzen und zehn Minuten mit einer ganzen Zwiebel, dem Lorbeerblatt und den Gewürznelken kochen.

2 Die Rippchen dazugeben und fünf Minuten kochen lassen. Anschließend weitere 15 Minuten auf kleiner Flamme in der Brühe lassen. Je länger man das Rippenstück in der Brühe ziehen lässt, desto saftiger wird es.

3 Die Kartoffeln schälen und in kleine Stücke schneiden. In einem großen Topf mit Salzwasser 20 Minuten weich garen.

4 Das Sauerkraut abwaschen und gut abtropfen lassen. In einen großen Topf geben und den Apfelwein darüber gießen. Die Wacholderbeeren dazugeben und mit Salz und Zucker abschmecken. Aufkochen lassen und anschließend bei kleiner Hitze weich garen.

5 Die weichgekochten Kartoffeln portionsweise in eine Kartoffelpresse geben. Die Milch erhitzen und das Püree mit der Butter unterrühren. Nach Geschmack salzen und warmhalten.

6 Die Rippchen auf das Sauerkraut legen und bedeckt ziehen lassen. Nach etwa 20–30 Minuten mit dem Sauerkraut und dem Kartoffelbrei anrichten.

abschmecken	den Geschmack einer Speise prüfen
abtropfen lassen	trocknen
anrichten	auf Teller legen
auf kleiner Flamme	bei niedriger Temperatur
aufkochen lassen	kurz so heiß machen, dass es kocht
bedeckt	im geschlossenen Topf
Brühe, die	würziges Wasser, das nach dem Kochen von Gemüse übrig bleibt
Bund, der	mehrere Pflanzen zusammen
garen	so lange kochen, bis es weich ist
Gewürznelke, die	Gewürz von einem tropischen Baum
Kartoffelbrei, der	Kartoffelpüree
Kartoffelpresse, die	spezielles Küchengerät, mit dem man durch Drücken Kartoffelpüree herstellt
Knochen, der	Skelettteil
Lorbeerblatt, das	intensiv schmeckendes, grünes Gewürzblatt vom Lorbeerbaum
mehligkochend	so, dass sie beim Kochen sehr weich werden
putzen	*hier:* Schmutz und nicht essbare Teile wegmachen
Rippchen, das	Fleischstück mit Knochen
saftig	*hier:* nicht trocken
schälen	die Haut wegmachen
unterrühren	eine leichte Mischung mit einer schweren mischen
Wacholderbeere, die	kleine, runde, schwarze, getrocknete Frucht mit intensivem Aroma
ziehen lassen *irr*	für einige Zeit in heißem, nicht kochendem Wasser lassen
Zubereitung, die	Kochen oder Braten

Übung 1:

Erde, Baum oder Strauch? Wo wachsen diese Gemüsesorten und Früchte?

1. Kartoffel ....
2. Apfel ....
3. Zwiebel ....
4. Wacholderbeeren ....

Übung 2:

Kreuzworträtsel. Finden Sie die gesuchten Begriffe und lösen Sie das Kreuzworträtsel!

Waagerecht:

2. schmeckt lecker zu den Rippchen
4. Das fertige Essen legt man auf ...
5. runde Gemüsepflanze mit dünner, brauner Schale

Senkrecht:

1. weiße Substanz aus dem Meer oder aus der Erde
3. alkoholisches Getränk aus Äpfeln

Übung 3:

Pluralformen. Finden Sie die Pluralformen zu den folgenden Substantiven! Achtung: In einigen Fällen gibt es keine!

1. Rippchen ....
2. Butter ....
3. Lorbeerblatt ....
4. Zwiebel ....
5. Gemüse ....
6. Brot ....

Übung 4:

Rechtschreibung. Im folgenden Text sind acht Wörter falsch geschrieben. Welche sind es? Korrigieren Sie sie!

Nechsten Sonntag kocht meine Mutter Rippchen. Wir essen sie am liebsten mit Sauerkraut und Karttoffelbrei. Meine Schwester und ich hellfen in der Küch. Unser Vater spühlt das Geschirr ab. Das macht ihm keinen Spass, aber er muß es machen, sonst bekommt er keinen Nachttisch.

1. ....
2. ....
3. ....
4. ....
5. ....
6. ....
7. ....
8. ....

Forelle Müllerin Art mit Salzkartoffeln

Das Wenden in Mehl ist der Grund, warum diese Art des Fischbratens Müllerin Art genannt wird. Durch das Mehl werden der eiweißhaltigen Speise nicht nur Kohlehydrate hinzugefügt, sondern es entstehen auch schmackhafte Röstaromen.

Zubereitungszeit: 40 Minuten **Für 4 Personen**

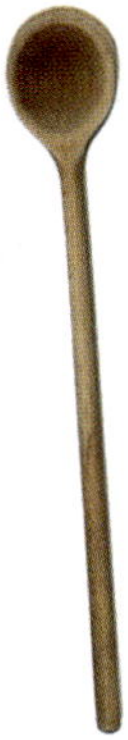

Zutaten:

- 1 kg Kartoffeln, festkochend
- 4 küchenfertige Forellen
- 4 EL Mehl
- 4 EL Butterschmalz
- 4 EL Butter
- 4 EL Mandelblättchen, geröstet
- Saft von 1 Zitrone
- Zitronenspalten zum Garnieren
- Salz, Pfeffer

WUSSTEN SIE SCHON?

Eine frische Forelle erkennt man beim Kauf nicht nur an der schleimigen Oberhaut, sondern auch an den Augen, die möglichst klar sein sollten.

1 Die Kartoffeln waschen, schälen und in Salzwasser circa 25 Minuten gar kochen.

2 Die Forellen waschen und trocken tupfen.

3 Die Fische werden rundum leicht gesalzen, gepfeffert und mit Zitronensaft beträufelt.

4 Das Mehl in einen flachen Teller geben und die Fische darin von beiden Seiten wenden.

5 In einer großen Pfanne Butterschmalz erhitzen und die Forellen von jeder Seite fünf bis sieben Minuten bei mäßiger Hitze goldbraun braten.

6 Die Forellen mit den Salzkartoffeln auf dem Teller anrichten.

7 Die Butter in der Pfanne leicht bräunen lassen und gehobelte Mandeln hinzugeben.

8 Über die fertigen Forellen gießen, mit Zitronenspalten garnieren und noch heiß servieren.

anrichten	auf Teller legen
beträufeln	mit wenigen Tropfen nass machen
Butterschmalz, das	reines Butterfett
eiweißhaltig	so, dass eine Speise viel Eiweiß enthält
festkochend	so, dass die Kartoffeln nach dem Kochen nicht zu weich sind
Forelle, die	Speisefisch, der in Bächen und Seen lebt
gar kochen	so lange kochen, bis ein Lebensmittel weich ist
garnieren	dekorieren
Gestade, das	*hier:* Rand eines Gewässers
hinzufügen	dazu geben
hobeln	*hier:* mit einem Küchengerät in sehr flache Stücke schneiden
Mandel, die	harte Frucht eines Baumes
Mandelblättchen, das	sehr flaches Mandelteilchen
mäßig	wenig; gering
Müllerin, die	Frau des Müllers, der Mehl herstellt
rösten	braten, bis ein Lebensmittel braun wird
schälen	die Haut von Gemüse oder Früchten wegmachen
schleimig	feucht und leicht klebrig
schmackhaft	so, dass es gut schmeckt
trocken tupfen	mit einem Papiertuch durch wiederholtes leichtes Drücken trocknen
wenden	hin und her drehen
Zitronenspalte, die	halbmondförmig geschnittener Teil einer Zitrone

Übung 1:

Komparativ/Superlativ. Ergänzen Sie die Tabelle!

	Komparativ	Superlativ
1. klein	....	....
2. groß	....	....
3. jung	....	....
4. viel	....	....
5. dick	....	....

Übung 2:

Verben. Bilden Sie das Präteritum und das Partizip II der unten stehenden Verben!

	Präteritum	Partizip II
1. treffen	....	....
2. essen	....	....
3. nehmen	....	....
4. verlieren	....	....
5. kochen	....	....
6. waschen	....	....

Übung 3:

Wortschatz. Welche Verben und Substantive gehören zusammen? Verbinden Sie!

1. ☐ Kartoffeln	a) bräunen lassen
2. ☐ Fisch	b) schöpfen
3. ☐ Suppe	c) braten
4. ☐ Butter	d) schälen

Übung 4:

Textverständnis. Lesen Sie das Rezept noch einmal. Welche Verben passen? Ergänzen Sie!

1. Die Kartoffeln .... und ....
2. Die Forelle .... und trocken ....
3. Mehl in einen flachen Teller ....
4. In einer großen Pfanne Butterschmalz ....
5. Butter in der Pfanne leicht ....
6. Die fertigen Forellen heiß ....

„Die Forelle" (Franz Schubert)

„In einem Bächlein helle,
Da schoß in froher Eil'
Die launische Forelle
Vorüber, wie ein Pfeil …

Ich stand an dem Gestade
Und sah in süßer Ruh'
Des muntern Fischleins Bade
Im klaren Bächlein zu."
(Auszug)

Spargel mit Sauce Hollandaise

Die Spargelzeit geht von Ende April bis 24. Juni (Johanni-Tag). In diesem Zeitraum **bereiten** die Deutschen gerne alle möglichen Gerichte mit dem beliebten Gemüse **zu**. Ob weißer oder grüner Spargel, mit Kartoffeln oder **Pfannkuchen**, mit oder ohne Schinken, als Suppe oder Salat – der Fantasie sind keine Grenzen gesetzt.

Zubereitungszeit: 40 Minuten **Für 4 Personen**

Zutaten:

- 1,5 kg weißen **Spargel**
- 750 g Kartoffeln, **festkochend**
- 8 Scheiben **Vorder-** oder **Hinterschinken**
- 120 g Butter
- 2 Eigelb
- Salz, Pfeffer
- ¼ TL Zitronensaft

WUSSTEN SIE SCHON?

Die Sauce Hollandaise kommt gar nicht aus Holland! Erfunden wurde sie wohl im Frankreich des 18. Jahrhunderts. Die Bezeichnung „hollandaise“ (holländisch) könnte damit zusammenhängen, dass aus den Niederlanden besonders hochwertige Milchprodukte kamen.

1 Den Spargel **schälen** und die unteren Enden abschneiden. Den Spargel in einen Topf mit kochendem Salzwasser stellen und circa 15 Minuten **garen**. Den fertigen Spargel aus dem Wasser nehmen und warm halten.

2 In der Zwischenzeit die Kartoffeln schälen und der Länge nach in etwa gleich große **Hälften** schneiden. Die Kartoffelhälften ca. 15–20 Minuten in kochendem Salzwasser garen.

3 120 g Butter in einem Topf erhitzen und **aufschäumen** lassen. Dann in ein Kännchen umfüllen und einige Minuten stehen lassen.

4 Eigelb in einer Schüssel mit dem Zitronensaft und 2 EL kaltem Wasser **verrühren**.

5 In einem Topf etwas Wasser erhitzen. Die Schüssel mit dem Eigelb auf den Topf setzen und das Eigelb mit dem **Schneebesen** aufschäumen.

6 Die Butter mit dem Schneebesen unter das Eigelb rühren, bis die Soße dick wird. Sauce Hollandaise mit Pfeffer und Salz würzen.

7 Den Spargel mit Sauce Hollandaise begießen und auf vorgewärmten Tellern mit den Salzkartoffeln und dem Schinken **anrichten**.

anrichten	auf Teller legen
aufschäumen	so lange mischen, bis man eine leichte Mischung mit kleinen Luftbällchen hat
festkochend	so, dass die Kartoffeln nach dem Kochen nicht zu weich sind
garen	so lange kochen, bis ein Lebensmittel weich ist
Hinterschinken, der	Schinken vom oberen Teil des Hinterbeins
Pfannkuchen, der	Eier-Milch-Speise, die man in der Pfanne bäckt
schälen	die Haut von Gemüse oder Früchten wegmachen
Schneebesen, der	Küchengerät, dessen unteres Ende aus dünnem, spiralig gedrehtem Metall besteht
Spargel, der	weiße oder grüne, lange Pflanzen, die unter der Erde wachsen
verrühren	mischen
Vorderschinken, der	Schinken aus dem Teil zwischen Hals und vorderem Bein
zubereiten	kochen; braten

Übung 1:

Präpositionen. Vervollständigen Sie die Sätze mit den fehlenden Präpositionen!

1. Die Butter .... das Eigelb rühren.

2. Den Spargel .... vorgewärmte Teller legen.

3. Die Spargelzeit geht von Ende April .... Ende Juni.

4. Besonders hochwertige Milchprodukte kamen .... Holland.

Übung 2:

Wortspirale. Finden Sie die gesuchten Begriffe und fügen Sie sie in die Wortspirale ein!

1	2	3	4	5	6	7
22	23	24	25	26	27	8
21	36	37	38	39	28	9
20	35	42	41	40	29	10
19	34	33	32	31	30	11
18	17	16	15	14	13	12

1-11: Die ... geht von Ende April bis Ende Juni.
11-16: Wir legen den Spargel auf vorgewärmte ...
16-21: Die Butter mit dem Schneebesen unter das Eigelb ...
21-32: Die Sauce Hollandaise kommt nicht aus den ...
32-35: ... den Spargel aus dem Salzwasser!
35-42: Wir essen nicht nur einmal im Jahr Spargel, sondern ...

Übung 3:

Richtig oder falsch. Welche der folgenden Aussagen sind korrekt? Markieren Sie mit richtig ✓ oder falsch -!

1. Die Spargelzeit geht von Ende Mai bis 24. Juli. ❑
2. Die Sauce Hollandaise kommt nicht aus Holland. ❑
3. Es gibt auch grünen Spargel. ❑
4. Die Deutschen essen Spargel immer mit Schinken. ❑

Übung 4:

Groß und klein. Bilden Sie die Verkleinerungsform der folgenden Kochutensilien!

Beispiel: *Kanne* → Kännchen

1. Teller .... **3.** Suppe ....

2. Tisch .... **4.** Topf ....

Übung 5:

Einkaufszettel. Vervollständigen Sie den Einkaufszettel!

1. Vom Obst- und Gemüsehändler:	**2.** Aus dem Supermarkt:	**3.** Vom Metzger:
....	....	....
....	....	....
....	....	....

Kartoffelpuffer mit Apfelmus

Kartoffelpuffer, Reibekuchen, Reiberdatschi, Dotsch oder Erdäpfelpuffer: Es gibt kaum ein deutsches Gericht, das unter so vielen verschiedenen Namen bekannt ist.

Zubereitungszeit: 45 Minuten **Für 4 Personen**

Zutaten:

- 1 kg Kartoffeln
- 1 kleine Zwiebel
- 3 Eier
- 5-6 EL Mehl
- Salz
- 1 kg säuerliche Äpfel
- 2 EL Zucker
- 50 ml Apfelsaft
- Zitronensaft
- Zimt und Zucker nach Belieben

1 Für das Apfelmus Äpfel schälen, vom Kerngehäuse befreien und in Spalten schneiden.

2 In einem Kochtopf zwei Esslöffel Zucker karamellisieren lassen, Apfelsaft und Apfelspalten hinzugeben.

3 Bei mittlerer Hitze kochen, bis die Äpfel weich sind.

4 Mit einem Kartoffelstampfer zu Püree machen und mit Zitronensaft, Zimt und Zucker abschmecken.

5 Für die Kartoffelpuffer die gewaschenen, rohen Kartoffeln schälen und auf einer Küchenreibe grob raspeln.

6 Die Zwiebel schälen und ebenfalls grob raspeln.

7 Alles in eine Schüssel geben, die Eier aufschlagen und mit dem Mehl in die Masse geben. Eine Prise Salz hinzugeben.

8 Öl in einer Pfanne erhitzen. Mit einem Esslöffel eine kleine Portion von der Kartoffelmasse abnehmen und in das heiße Öl geben. Zu einem Puffer flach drücken und von beiden Seiten goldbraun braten.

9 Die fertigen Kartoffelpuffer mit Apfelmus servieren. Nach Belieben mit Zucker bestreuen.

TIPP

Wenn Sie den Zucker bei den Kartoffelpuffern weglassen, dann können Sie auch eine herzhafte Hauptspeise aus dem Gericht machen. Statt Apfelmus serviert man einen Kräuterdip, einen Klecks Schmand oder auch geräucherten Lachs dazu.

abschmecken	den Geschmack einer Speise prüfen und nochmals würzen
Apfelmus, das	weiche, nasse Mischung aus gekochten Äpfeln
aufschlagen	*hier:* Ei öffnen
bestreuen	dünn über eine Fläche geben
geräuchert	in Rauch gehängt und dadurch konserviert
herzhaft	*hier:* salzig
Kerngehäuse, das	innerer Teil des Apfels, der die Kerne enthält
Klecks, der	*hier:* kleine Menge
Kräuterdip, der	Dip mit kleingeschnittenen Blättern von Gewürzpflanzen
Küchenreibe, die	Küchengerät, mit dem man extrem kleine Stücke machen kann
Lachs, der	großer Meeresfisch mit rosafarbenem Fleisch
Masse, die	(meistens nasse) Mischung
nach Belieben	nach Geschmack; so, wie man es mag
Prise, die	kleine Menge, die zwischen zwei Fingern Platz hat
raspeln	hin und her bewegen, und dadurch in kleine Stücke machen
schälen	die Haut von Gemüse oder Früchten wegmachen
Schmand, der	saure Sahne
Spalte, die	halbmondförmig geschnittener Teil einer Frucht
Zimt, der	braunes Gewürz, das man oft für Süßspeisen verwendet

Übung 1:

Buchstabensalat. Ordnen Sie die Buchstaben so, dass sich Lebensmittel mit dem Anfangsbuchstaben Z ergeben!

1. IEELWB Z ....
2. TMI Z ....
3. OTIERN Z ....
4. KEWACIB Z ....
5. SHTGCWE Z ....
6. RUECK Z ....

Übung 2:

Wortschatz. Wie heißt das Obst? Ordnen Sie zu!

- ☐ Orange
- ☐ Birne
- ☐ Trauben
- ☐ Erdbeere
- ☐ Nektarine
- ☐ Apfel
- ☐ Banane
- ☐ Pflaume

Übung 3:

Satzbildung. Bilden Sie Sätze mit dem Infinitiv mit *zu*!

1. Es macht Spaß. (Kartoffelpuffer braten)

....

2. Es ist interessant. (eine neue Sprache lernen)

....

3. Es ist gefährlich. (mit heißem Wasser kochen)

....

4. Es ist langweilig. (Kartoffeln schälen)

....

Übung 4:

Wortbildung. Bilden Sie Adjektive mit *-los*, *-arm*, *frei-*, *-reich* und *-un*!

1. Zitronensaft enthält viele Vitamine. Er ist vitamin................ .

2. Dieser Apfel hat keinen Geschmack. Er ist geschmack................ .

3. Ein Joghurtdip hat wenig Kalorien. Er ist kalorien................ .

4. Die Tomaten sind noch grün. Sie sind ....reif.

5. Herzhafte Gerichte werden ohne Zucker zubereitet. Das Gericht ist zucker................ .

6. Die Küche ist jetzt nicht mehr ordentlich. Sie ist jetzt ....ordentlich.

Zwiebelkuchen

Der Zwiebelkuchen ist ein herzhaftes Gericht, das traditionell im Herbst mit neuem Wein, dem so genannten Federweißen, serviert wird.

Zubereitungszeit: 40 Minuten + 40 Minuten Backzeit **Für 4 Personen**

Zutaten:

- 400 g Mehl
- 20 g frische Hefe
- 250 ml Wasser, lauwarm
- 3 EL Öl
- 1 TL Salz
- 1 kg Zwiebeln
- 100 g Speckwürfel
- 1 TL Kümmel
- Salz, Pfeffer
- 2 EL Butter
- 200 g Schmand
- 3 Eier
- 200 g geriebener Gouda

1 Das Mehl mit Salz in eine Schüssel geben. Die Hefe in dem Mehl zerbröseln und mit lauwarmem Wasser und Öl zu einem glatten Teig verrühren. An einem warmen Ort 40 Minuten zugedeckt stehen lassen.

2 In der Zwischenzeit die Zwiebeln schälen, halbieren und in dünne Streifen schneiden.

3 In einer Pfanne die Speckwürfel mit Butter kurz anbraten, Zwiebelstreifen hinzugeben und 10 bis 15 Minuten dünsten.

4 Die Masse beiseite stellen und kühl werden lassen. Schmand, Eier und Kümmel hinzugeben, mit Salz und Pfeffer abschmecken.

5 Den aufgegangenen Hefeteig noch einmal zu einem glatten Teig kneten und blechgroß ausrollen.

6 Den Teig auf ein eingefettetes Blech geben und die Zwiebelmischung auf den Teig streichen.

7 Den geriebenen Käse auf der Zwiebelmischung verteilen.

8 Im vorgeheizten Ofen 40 Minuten bei 190 Grad backen. Warm servieren.

WUSSTEN SIE SCHON?

Federweißer ist eine regionaltypische Spezialität, die es ab September nur wenige Monate im Jahr gibt. Besonders zu Weinfesten ist es ein beliebtes Getränk.

abschmecken	den Geschmack einer Speise prüfen und nochmals würzen
aufgehen	*hier:* größer werden
ausrollen	flach und glatt machen
blechgroß	in der Größe einer flachen, viereckigen Backform
dünsten	bei wenig Hitze in Fett oder Wasser kochen lassen
Hefe, die	helle Substanz aus sehr kleinen Pilzen, die einen Kuchen größer werden lässt
herzhaft	*hier:* salzig; stark gewürzt
kneten	kräftig (meistens mit den Händen) drücken und dadurch mischen
Kümmel, der	graubraunes Gewürz, oft für Brot
reiben	mit einem Küchengerät in ganz feine, kleine Teile machen
schälen	die Haut von Gemüse oder Früchten wegmachen
Schmand, der	saure Sahne
Speckwürfel, der	kleines Speckstück
streichen	eine weiche Mischung verteilen
Streifen, der	langes, schmales Stück
Teig, der	*hier:* ungebackene Kuchenmischung
zerbröseln	in kleine Stücke machen
zugedeckt	*hier:* in einer geschlossenen Schüssel

Übung 1:

Rechtschreibung. *Dass* oder *das*? Setzen Sie ein!

1. Ich weiß, ... der Zwiebelkuchen schon lange im Ofen ist.
2. .... ist falsch!
3. Das Kuchenblech, ... in der Küche steht, muss gewaschen werden.
4. Wir glauben, ... Rezept gut gelingen wird.

Übung 2:

Imperativ. Setzen Sie die Verben in die Imperativform!

1. .... auf! (passen, 2. P. Sg.)
2. .... wir an! (fangen)
3. .... dich nicht am Herd! (verbrennen)
4. .... Sie langsam! (rühren)
5. Julia und Max, ... schnell zum Essen! (kommen)

Übung 3:

Rechtschreibung. *Z* oder *s*? Setzen Sie ein!

1. __usammen
2. __üß
3. __icher
4. __ucker
5. __wiebel
6. __alz
7. __urück
8. __ervieren

Übung 4:

Verben. *Haben* oder *sein*? Setzen Sie ein!

1. Ich .... Hunger.
2. Wir .... hungrig.
3. Meine Oma .... 93 Jahre alt.
4. Ich .... gestern mit meinen Kindern gekocht.
5. Ihr .... gestern zum Essen in ein mexikanisches Restaurant gegangen.

Übung 5:

Redensarten. Viele deutsche Redensarten stammen aus dem Bereich des Essens. Verbinden Sie die passenden Satzteile!

1. ☐ jemand ist	a) und Tee trinken
2. ☐ viele Köche	b) in die Pfanne hauen
3. ☐ kochen	c) in der Suppe finden
4. ☐ immer ein Haar	d) vor Wut
5. ☐ abwarten	e) eine beleidigte Leberwurst
6. ☐ jemanden	f) verderben den Brei
7. ☐ klar	g) auf den Augen haben
8. ☐ Tomaten	h) wie Kloßbrühe

Allgäuer Käsespätzle

Käsespätzle sind ein leckerer Sattmacher! Am besten schmecken Sie mit Allgäuer Emmentaler oder Schweizer Bergkäse. Sie können aber mit fast allen Käsesorten zubereitet werden.

Zubereitungszeit: 60 Minuten **Für 4 Personen**

Zutaten:

- 500 g Mehl
- 4 Eier
- 2 TL Salz
- ¼ l Wasser
- 3 Zwiebeln
- 50 g Butter
- 200 g Allgäuer Emmentaler
- Feldsalat
- 2 gelbe Paprika
- Salz, Pfeffer
- Essig, Öl

WUSSTEN SIE SCHON?

Der Feldsalat (auch Rapunzelsalat, Vogerlsalat) enthält besonders viel Eisen und ist damit eine der gesündesten Salatsorten. Sein nussiger Geschmack passt besonders gut zu den Käsespätzle.

1 In einer Schüssel das Mehl mit den Eiern, dem Salz und dem Wasser zu einem zähen Teig kneten.

2 Die Zwiebeln schälen, kleinschneiden und den Käse reiben. Beides beiseite stellen.

3 Wasser in einem großen Topf mit Salz zum Kochen bringen.

4 Kleine Stücke vom Teig abtrennen und auf ein nasses Holzbrett legen. Mit einem nassen Messer kurze, dünne Streifen abtrennen und vom Brett in das siedende Wasser fallen lassen. Das Messer zwischendurch immer wieder befeuchten, damit der Teig nicht daran klebt.

5 Die Spätzle, die an die Wasseroberfläche kommen, mit einer Schöpfkelle herausnehmen und in einem Sieb abtropfen lassen.

6 Die Zwiebeln in einer Pfanne mit Butter anbraten, bis sie goldbraun sind.

7 In einer Schüssel abwechselnd eine Schicht Spätzle mit Käse bestreuen, eine weitere Schicht darüber etc. Auf die oberste Schicht Käse und die gerösteten Zwiebeln streuen.

8 Den Salat gründlich waschen und abtropfen lassen. Die Paprika kleinschneiden. Mit einer Salatsoße aus Essig, Öl, Salz und Pfeffer anmachen und zu den Käsespätzle servieren.

abtropfen	trocknen
abwechselnd	*hier:* im Wechsel
anmachen	*hier:* darübergießen und mischen
bestreuen	auf einer Fläche verteilen
gründlich	*hier:* so lange, bis sie sauber sind
kneten	kräftig drücken und dadurch mischen
nussig	so, dass es nach Nuss schmeckt
Paprika, der/die	rote, grüne oder gelbe Gemüsepflanze
reiben	mit einem Küchengerät in ganz feine, kleine Teile machen
rösten	braun braten
schälen	die Haut von Gemüse oder Früchten wegmachen
Schicht, die	Fläche/Masse, die über oder unter einer anderen liegt
Schöpfkelle, die	sehr großer Löffel, mit dem man Suppe in Teller gießt
Sieb, das	Küchengerät mit vielen kleinen Löchern
sieden	circa 100 Grad heiß sein, aber nicht mehr kochen
Streifen, der	langes, schmales Stück
Teig, der	*hier:* weiche, ungekochte Mischung
zäh	*hier:* dick und wenig fließend
zubereiten	kochen oder braten
zum Kochen bringen	auf die höchste Temperatur stellen, damit es kocht

Übung 1:

Konjunktiv. Ergänzen Sie die fehlenden Verben im Konjunktiv!

1. Du (können) .... den Salat waschen.

2. Wir (haben) .... Lust auf Käsespätzle!

3. Die Zwiebeln (müssen) .... im Schrank sein.

4. Ich (wissen) .... gerne, woher du das Rezept hast.

Übung 2:

Passiv. Schreiben Sie die folgenden Sätze ins Passiv um!

Beispiel: *die Zutaten kaufen* → **Die Zutaten werden gekauft.**

1. den Teig vorbereiten — Der Teig.. .

2. die Zwiebeln schneiden — ....

3. den Tisch decken — ....

4. die Küche aufräumen — ....

Übung 3:

Farben. Ergänzen Sie die passenden Farbadjektive!

1. Die Paprika ist ....

2. Die Tomate ist ....

3. Gurken sind ....

Kuchen, Torten und Süßspeisen

Was wären all die herzhaften Gerichte ohne den krönenden Abschluss: die süße Nachspeise! Sowohl im Restaurant als auch zu Hause ist es in Deutschland üblich, das Essen mit einer kleinen Süßigkeit abzurunden.

Die Deutschen mögen aber auch sehr gern nachmittags eine Tasse Kaffee und ein Stück Kuchen. Hierzu passen vor allem die Schwarzwälder Kirschtorte oder der Apfel-Streusel-Kuchen. Der Milchreis wird eher als süße Hauptspeise gegessen. Der knusprig-süße Bratapfel ist eine ganz besondere (vor-)weihnachtliche Leckerei, die auf unterschiedlichste Weise zubereitet werden kann.

Auf den folgenden Seiten findet jeder etwas, der gern Süßes mag!

Apfel-Streuselkuchen

Knuspriger Teig und saftige Füllung: Äpfel und Streusel sind ein echtes Traumpaar ... Übrigens: Frisch aus dem Ofen schmeckt der Kuchen am besten!

Zubereitungszeit: 30 Minuten + 50 Minuten Backzeit **Für circa 16 Stück Kuchen**

Zutaten:

- 700 g säuerliche Äpfel
- 2 EL Zitronensaft
- 300 g Mehl
- 150 + 50 g Zucker
- 150 g kalte Butter
- 1 Eigelb
- ½ TL Zimt
- 1 Prise Salz

1 Das Mehl, den Zucker, eine Prise Salz und das Eigelb in eine Schüssel geben.

2 Sehr kalte Butter in Stückchen hinzufügen und mit dem Handrührgerät kurz verkneten.

3 Teig mit den Händen zu Streuseln bröseln.

4 Zwei Drittel des Teiges in eine mit Butter gefettete runde Kuchenform geben und leicht andrücken.

5 Im vorgeheizten Backofen bei 175 Grad circa zehn Minuten vorbacken.

6 In der Zwischenzeit die Äpfel schälen, in kleine Stücke schneiden und sofort mit Zitronensaft beträufeln. Zucker und Zimt hinzugeben.

7 Die Äpfel auf den vorgebackenen Teig geben. Die restlichen Streusel auf den Kuchen streuen.

8 Bei gleicher Temperatur circa 40 Minuten weiterbacken.

Tipp

Statt der Äpfel kann man nach Belieben auch Pflaumen, Zwetschgen oder Birnen nehmen. Zum Formen der Streusel muss die Butter unbedingt kalt sein. Falls der Teig zu klebrig sein sollte, einfach etwas Mehl hinzugeben.

beträufeln	mit wenigen Tropfen nass machen
bröseln	viele kleine Stücke formen
Handrührgerät, das	elektrisches Küchengerät, mit dem man eine homogene Mischung herstellen kann
hinzufügen	dazu geben; extra geben
knusprig	außen hart
nach Belieben	nach Geschmack; so, wie man es mag
Prise, die	kleine Menge, die zwischen zwei Fingern Platz hat
saftig	viel Saft enthaltend
säuerlich	leicht sauer schmeckend
schälen	die Haut von Gemüse oder Früchten wegmachen
streuen	dünn über eine Fläche verteilen
Streusel, der/das	kleines Stück aus Butter, Zucker und Mehl
Teig, der	*hier:* weiche, ungebackene Kuchenmischung
verkneten	*hier:* mischen
Zwetschge, die	ovale Pflaumensorte
Zimt, der	braunes Gewürz, das man oft für Süßspeisen verwendet

Übung 1:

Rechtschreibung. *Ver-* oder *fer-*? Setzen Sie ein!

1. ....ien
2. ....kneten
3. ....n
4. ....tig
5. ....kehr
6. ....nsehen
7. ....rühren
8. ....se

Übung 2:

Wortbildung. Bilden Sie Substantive mit dem Wortstamm *Koch-* oder *Fahr-*!

1. ....kurs
2. ....zeug
3. ....buch
4. ....löffel
5. ....rad
6. ....plan
7. ....topf
8. ....schule

Übung 3:

Gitternetz. Finden Sie neun Zutaten, die man für die Zubereitung vieler Nachspeisen braucht!

M	I	R	E	H	O	N	M	E	S
Z	U	C	K	E	R	T	I	L	B
I	T	V	A	N	I	L	L	E	B
M	R	N	K	I	B	U	C	H	U
T	O	L	A	F	B	M	H	E	T
I	N	A	O	I	S	E	H	U	T
B	E	I	A	R	N	H	O	S	E
B	A	C	K	P	U	L	V	E	R

Übung 4:

Wortfamilien. Bilden Sie Substantive aus den Verben und setzen Sie den bestimmten Artikel davor!

1. unterhalten ....
2. springen ....
3. lesen ....
4. braten ....
5. schmecken ....
6. würzen ....
7. schlafen ....
8. riechen ....

Übung 5:

Abkürzungen. Schreiben Sie die Abkürzungen aus!

1. EL ....
2. km ....
3. g ....
4. l ....
5. MwSt ....
6. ml ....
7. kg ....
8. ca. ....
9. usw ....

Schwarzwälder Kirschtorte

Der Klassiker zum Kaffee. Wer es gerne süß und cremig mag, wird diese Sahnetorte lieben. Der Tortenboden wird mit Kirschwasser getränkt. Das macht aus der Schwarzwälder Spezialität einen ganz besonderen Genuss ... mit Schuss.

Zubereitungszeit: 60 Minuten **Für 16 Stück**

Zutaten:

- 200 g Mehl
- 75 g Speisestärke
- 250 g Zucker
- 6 Eier, getrennt
- 50 g Kakaopulver
- 2 TL Backpulver
- 6 EL heißes Wasser
- 1 Glas Sauerkirschen
- 25 g Speisestärke
- 800 g Sahne
- 1 Päckchen Sahnesteif
- 1 EL Zucker
- Kirschwasser
- Schokoladenraspeln

1 Das Eigelb mit dem Wasser und dem Zucker glattrühren. Das Mehl, die Speisestärke, das Backpulver und den Kakao durch ein Sieb hinzugeben. Das Eiweiß steifschlagen und vorsichtig unterheben.

2 Eine runde Kuchenform einfetten und mit Mehl ausstreuen. Den Teig hineinfüllen, die Form in den vorgeheizten Ofen stellen und bei 180 Grad circa 30–35 min backen. Anschließend auskühlen lassen.

3 Den Kirschsaft aus dem Glas mit der Speisestärke in einem Topf auf kleiner Flamme kurz kochen lassen. Die Kirschen unter die Masse mischen. Anschließend auskühlen lassen. 16 Kirschen für die Dekoration beiseitelegen.

4 Den Tortenboden zwei Mal durchschneiden. Den untersten Boden mit Kirschwasser tränken und die Kirschmasse darauf verteilen.

5 Die Sahne mit dem Sahnesteif und Zucker steifschlagen, eine dünne Schicht auf die ausgekühlte Kirschmasse streichen, den zweiten Tortenboden darauflegen. Wieder mit Kirschwasser tränken. Mit der Hälfte der Sahne den zweiten Boden bestreichen und den dritten Boden auflegen.

6 Die Torte mit der restlichen Sahne komplett bedecken. 3 EL Sahne in einen Spritzbeutel füllen und 16 Sahnewölkchen daraufspritzen. Die 16 übrigen Kirschen auf die Wölkchen setzen und die Torte mit Schokoraspeln bestreuen.

auf kleiner Flamme	bei niedriger Temperatur
auskühlen lassen	warten, bis etwas kalt ist
ausstreuen	dünn über eine Fläche geben
Backpulver, das	Mehl, das den Kuchen beim Backen größer werden lässt
bedecken	komplett über etwas legen
daraufspritzen	*hier:* durch eine enge Öffnung drücken
Genuss, der	*hier:* kulinarische Freude
glattrühren	so lange mischen, bis die Mischung homogen ist
Kirschwasser, das	Schnaps, der aus Kirschen hergestellt wird
Masse, die	(meistens nasse) Mischung
Sahnesteif, das	trockene Substanz, die Sahne in der dekorierten Form hält
Sauerkirsche, die	kleine, runde, rote sauer schmeckende Frucht
Schicht, die	Fläche/Masse, die über oder unter einer anderen liegt
Schokoladenraspel, die *pl*	kleine, sehr flache Schokoladenstücke
Schuss, der	*hier:* eine kleine Menge Alkohol
Sieb, das	Küchengerät mit vielen kleinen Löchern
Speisestärke, die	Art Mehl, mit dem man Soßen und Cremes dicker macht
Spritzbeutel, der	Küchengerät, mit dem man z. B. Sahnedekoration auf eine Torte machen kann
steifschlagen *irr*	kräftig mischen, bis die Sahne ihre Form behält
streichen *irr*	eine weiche Masse verteilen
Teig, der	*hier:* weiche, ungebackene Kuchenmischung
Tortenboden, der	(meistens) runder, dünner, gebackener Kuchen aus Mehl, Eiern und Zucker
tränken	*hier:* nass machen
unterheben *irr*	etw. vorsichtig mit etw. anderem mischen

Wussten Sie schon?

Die Schwarzwälder Kirschtorte hat die Farben einer Schwarzwälder Tracht: Rot wie die Kirschen, Schwarz wie die Schokoladenraspeln, und Weiß wie die Sahne. Vor allem die Kirschen auf der Torte erinnern an den berühmten „Bollenhut“, der aus Teilen der Schwarzwald-Region stammt.

Übung 1:

Kreuzworträtsel. Finden Sie die gesuchten Begriffe und lösen Sie das Kreuzworträtsel!

Waagerecht:

1. Um das Mehl feiner zu machen, braucht man ein ....
4. Die Kirschen auf der Torte sind rot .... ein Bollenhut.
6. Eigelb mit Wasser und Zucker .... rühren.
7. Warten, bis es kalt ist: .... lassen.

Senkrecht:

2. Ein Ei besteht aus Eigelb und ....
3. Aus Mehl und Eiern wird ein ....
5. Die Farben der Torte erinnern an eine Schwarzwälder ....

Übung 2:

Rechtschreibung. In die folgenden Sätze hat sich jeweils ein Fehler eingeschlichen. Finden und verbessern Sie sie!

1. Ich esse gerne Schwartzwälder Kirschtorte.

   ....

2. Wir brauchen sechszehn Kirschen für die Torte.

   ....

3. Die Kirschmase muss gut ausgekühlt sein.

   ....

4. Die Ofentemperatur beträgt 200 Grat.

   ....

Übung 3:

Präpositionen. Vervollständigen Sie mit der jeweils passenden Präposition!

1. Man schiebt den Kuchen .... den Ofen.
2. Man bäckt ihn ca. 35 Minuten .... 180 Grad.
3. Die Kirschen erinnern .... den Schwarzwälder Bollenhut.
4. Wir spritzen Sahnewölkchen .... die Torte.

Übung 4:

Schwarzes Schaf. Welches Wort hat nichts mit dem Rezept zu tun?

1. Sahne Zucker Zitrone Kirschen
2. steifschlagen glattrühren durchschneiden ruhen lassen
3. Springform Messer Topf Spritzbeutel
4. Backpulver Speisestärke Grieß Kakaopulver

Käsekuchen

Der Käsekuchen hat mit Käse nichts zu tun, sondern mit viel Quark. Und der wird auch Frischkäse genannt – daher kommt der Name des Kuchens, den manche auch zu den besten Erfindungen des Backens zählen.

Zubereitungszeit: 45 Minuten **Für circa 16 Stück**

Zutaten:

- 225 g Mehl
- 75 g Zucker
- 1 Päckchen Vanillezucker
- 150 g kalte Butter
- 1 Prise Salz
- 1 kg Magerquark
- 250 g weiche Butter
- 6 Eier
- 250 g Zucker
- 2 Päckchen Vanillepuddingpulver
- abgeriebene Schale von 1 Bio-Zitrone
- Mehl zum Ausrollen
- Fett für die Kuchenform

TIPP

Menschen mit Laktoseintoleranz können statt Quark und Butter einfach laktosefreie Produkte nehmen.

1 Das Mehl, den Zucker, den Vanillezucker, die Hälfte der abgeriebenen Zitronenschale, 1 Prise Salz, die kalte Butter in Stückchen und zwei Esslöffel Wasser schnell zu einem glatten Teig kneten.

2 Den Teig in Folie wickeln und für 30 Minuten in den Kühlschrank stellen.

3 In der Zwischenzeit den Quark, die restliche abgeriebene Zitronenschale, 250 g weiche Butter, die Eier, 250 g Zucker und das Puddingpulver zu einer glatten Creme verrühren.

4 Eine runde Kuchenform (26 cm Durchmesser) mit Butter bestreichen.

5 Zwei Drittel des Teiges auf einer bemehlten Arbeitsfläche rund ausrollen und auf den Formboden legen. Den Rest des Teiges zu einer Rolle formen und an den Formrand drücken. Den Boden mehrmals mit einer Gabel einstechen.

6 Die Quarkcreme auf dem Teigboden verteilen.

7 Den Kuchen im vorgeheizten Ofen bei 175 Grad 60 bis 70 Minuten backen.

abgeriebene Schale, die	äußere Haut einer Frucht, die man mit einem Küchengerät in ganz feine, kleine Teile gemacht hat
ausrollen	flach und glatt machen
bestreichen *irr*	eine weiche Mischung auf einer Fläche verteilen
Folie, die	sehr dünnes Material aus Plastik oder Aluminium
Formrand, der	äußerer, hoher Teil einer Kuchenform
kneten	kräftig (meistens mit den Händen) drücken und dadurch mischen
nichts zu tun haben mit	*hier:* nicht verwendet werden
Prise, die	kleine Menge, die zwischen zwei Fingern Platz hat
Speisestärke, die	Art Mehl, mit dem man Soßen und Cremes dicker macht
Teig, der	*hier:* weiche, ungebackene Kuchenmischung
verrühren	mischen
wickeln	rundherum legen

Übung 1:

Präteritum. Lesen Sie sich das Rezept noch einmal durch und schreiben Sie die ersten sieben Verben auf. Setzen Sie die Verben dann ins Präteritum!

Präsens	Präteritum
1. kneten	knetete
2.	....
3.	....
4.	....
5.	....
6.	....
7.	....

Übung 2:

Pronomen. *Mich* oder *mir*? Setzen Sie ein!

1. Ich ärgere .... oft über meine Fehler.
2. Es freut ...., wenn ich neue Rezepte ausprobieren kann.
3. Mit einem guten Essen kann man .... eine Freude machen.
4. Ich finde es sehr schön, wenn man .... Komplimente macht.
5. Es geht .... auf die Nerven, wenn Du nichts sagst.

Übung 3:

Konjunktionen. Setzen Sie die passenden Konjunktionen in die Sätze ein!

bevor   aber   obwohl   bis   nachdem

1. ………………… Michael Hunger hat, hat er keine Lust zu kochen.
2. ………………… das Essen fertig ist, lerne ich Deutsch.
3. ………………… ich den Tisch abgeräumt habe, spüle ich die Teller und Töpfe ab.
4. ………………… ich das Gericht koche, kaufe ich die Zutaten ein.
5. Heute koche ich nicht, ………………… ich backe einen Kuchen.

Übung 4:

Passiv. Setzen Sie folgende Aktivsätze ins Passiv!

1. Simone bringt das Kochbuch zurück.

   ……………………………………………………………………………

   ……………………………………………………………………………

2. In Deutschland trinkt man viel Bier.

   ……………………………………………………………………………

   ……………………………………………………………………………

3. Tanja muss die Hausaufgaben noch machen.

   ……………………………………………………………………………

   ……………………………………………………………………………

4. Die Kinder sollen das Essen aufessen.

   ……………………………………………………………………………

   ……………………………………………………………………………

Milchreis

Ob warm oder kalt: Milchreis ist nicht nur eine beliebte Nachspeise, sondern wird auch gerne als Hauptmahlzeit gegessen. Dazu kann man neben Zimt und Zucker auch Apfelmus, Beeren der Saison oder rote Grütze reichen.

Zubereitungszeit: 45 Minuten **Für 4 Personen**

Zutaten:

- 200 g Milchreis
- 1 l Milch
- 100 g Zucker
- 15 g Butter
- 1 Prise Salz
- 1 TL Zimtpulver

1 Die Milch in einem Topf erwärmen und immer wieder umrühren.

2 Die Butter, eine Prise Salz und zwei Esslöffel Zucker sowie den Milchreis einrühren und vorsichtig zum Kochen bringen.

3 Den Milchreis bei niedriger Temperatur ausquellen lassen und von Zeit zu Zeit umrühren.

4 In der Zwischenzeit den restlichen Zucker mit dem Zimtpulver vermischen.

5 Nach circa 40 Minuten den fertigen Milchreis servieren. Mit Zimt und Zucker bestreuen.

Tipp

Besonders locker wird der Milchreis, wenn man im abgekühlten Zustand 200 g geschlagene Sahne unterhebt.
Wer es eilig hat, kann die Milch in der Mikrowelle schon vorher erwärmen.
Ähnlich wie Milchreis kann man auch Grießbrei kochen, allerdings geht alles etwas schneller, da der Grieß nur zehn Minuten zum Aufquellen benötigt. Bei 500 ml Milch nimmt man 80 g Hartweizengrieß, Zimt und Zucker nach Belieben.

Apfelmus, das	weiche, nasse Mischung aus gekochten Äpfeln
ausquellen	dick werden
Beeren der Saison, die *pl*	Beeren, die es in einer bestimmten Jahreszeit gibt
bestreuen	dünn über eine Fläche geben
geschlagen	*hier:* kräftig gemischt, sodass sie fest bleibt
Grießbrei, der	weiche, nasse Mischung aus sehr kleinen Getreidekernen
nach Belieben	nach Geschmack; so, wie man es mag
reichen	*hier:* servieren
rote Grütze, die	Süßspeise aus roten Beeren
umrühren	mischen
unterheben	etw. vorsichtig mit etw. anderem mischen
von Zeit zu Zeit	immer wieder nach kleinen Pausen
Zimtpulver, das	trockene Substanz, die man als Gewürz oft für Süßspeisen verwendet

Übung 1:

Schwarzes Schaf. Welches Wort passt nicht in die Reihe? Unterstreichen Sie!

1. hören sagen reden sprechen
2. Obstsalat Kopfsalat Krautsalat Buchstabensalat
3. aufhören Schluss machen vermischen beenden
4. Topf Pfanne Teller Kasserolle

Übung 2:

Gegenteile. Wie lautet das Gegenteil? Ordnen Sie zu!

1. ☐ bringen	a) finden
2. ☐ servieren	b) danken
3. ☐ anfangen	c) erinnern
4. ☐ verlieren	d) holen
5. ☐ vergessen	e) beenden
6. ☐ bitten	f) abräumen

DER, DIE, DAS

Die Artikel im Deutschen müssen bei Substantiven immer dazugelernt werden. Vielleicht helfen Ihnen die folgenden Tipps:
Nomen mit den Endungen
-or, -ling, -(i)smus, -ig *sind maskulin (der)*
-ung, -keit, -heit, -schaft, -(i)tät, -ik, -ion, -ei *sind feminin (die)*
-chen, -ma, -um, -ment, -lein, -tum *sind neutrum (das)*

Übung 3:

Wortschatz. Finden Sie die passenden Antworten zu den Fragen!

1. ☐ Hast du Hunger?
2. ☐ Möchtest du von dem Huhn probieren?
3. ☐ Schmeckt dir der Milchreis?
4. ☐ Möchtest du noch eine Portion Milchreis essen?

a) Nein danke, ich muss auf mein Gewicht achten.
b) Ja, aber es fehlt etwas Zucker.
c) Nein, ich bin Vegetarier.
d) Ja, ich habe einen Bärenhunger.

Übung 4:

Fragewörter. Setzen Sie die passenden Fragewörter ein!

Wann Warum Wer Wie Was Wo

1. .... hat Hunger?
2. .... kommst du so spät zum Essen?
3. .... gibt es denn endlich Essen?
4. .... hast du heute Leckeres gekocht?
5. Ich habe keinen Hunger, obwohl ich heute noch nichts gegessen habe. .... kann das sein?
6. .... ist das Restaurant, in dem wir uns treffen wollen?

Bratapfel mit Marzipan

Der Bratapfel ist eine winterliche Köstlichkeit, die es in vielen verschiedenen Varianten gibt. Statt des Marzipans kann man ihn auch mit einer Schokoladenfüllung oder sogar herzhaft zubereiten.

Zubereitungszeit: 60 Minuten **Für 4 Personen**

Zutaten:

- 4 große, feste Äpfel
- 1 Bio-Zitrone
- 8–10 Walnüsse
- 80 g Marzipanrohmasse
- 100 ml Weißwein
- 40 g Butter
- 60 g Zucker
- 400 ml Milch
- 2 Eier
- 150 g Sahne
- 1 TL Speisestärke
- Mark aus 1 Vanilleschote

TIPP

Für das Bratapfel-Rezept eignen sich am besten feste und säuerliche Apfelsorten wie Boskoop, Cox Orange oder Braeburn. Diese Sorten lassen sich auch gut bis in den Winter hinein lagern.

1 Die Zitrone waschen, ½ TL Schale davon abreiben und den Saft auspressen.

2 Die Walnüsse hacken und mit der Marzipanmasse, dem Zitronensaft und der Zitronenschale vermischen. Die Marzipan-Nuss-Masse in vier gleich große Portionen teilen.

3 Den Backofen auf 180 Grad vorheizen. In der Zwischenzeit die Äpfel waschen, trocknen und die Stiele entfernen.

4 Die Äpfel mit einem spitzen Messer aushöhlen und etwas Zitronensaft hineinfüllen.

5 Die ausgehöhlten Äpfel mit der Öffnung nach oben in eine ofenfeste Form legen und mit der Marzipan-Masse füllen. Mit Weißwein übergießen, einige Butterflöckchen auf den Äpfeln verteilen und 45 Minuten backen.

6 Die Milch zusammen mit dem Zucker und dem Vanillemark aufkochen. In einer Schüssel die Eier mit der Speisestärke und der Sahne steifschlagen.

7 Die kochende Vanillemilch mit der Sahnemischung verrühren. Anschließend alles in einem Kochtopf unter Rühren aufkochen lassen.

8 Die Bratäpfel auf Tellern servieren, die Vanillesoße darüber gießen und servieren.

abreiben	mit einem Küchengerät in sehr kleinen Teilen wegmachen
aufkochen	kurz so heiß machen, dass es kocht
aushöhlen	das Innere herausnehmen
auspressen	so lange drücken, bis der ganze Saft herauskommt
Butterflöckchen, das	kleines Butterteil
entfernen	wegmachen
hacken	in kleine Stücke schneiden
herzhaft	*hier:* salzig
Mandel, die	harte Frucht eines Baumes
Mark, das	das Innere aus einer Frucht
Marzipanrohmasse, die	fertige Mischung aus fein gemahlenen Mandeln, sehr feinem Zucker und Rosenwasser
Masse, die	(meistens nasse) Mischung
ofenfest	so, dass etwas durch Ofenhitze nicht zerstört wird
säuerlich	leicht sauer schmeckend
Schale, die	Haut von Früchten oder Gemüse
Speisestärke, die	Art Mehl, mit dem man Soßen und Cremes dicker macht
Stiel, der	*hier:* kurzer, dünner, harter Teil, mit dem der Apfel an den Baum gewachsen war
Vanillemark, das	das Innere einer Vanilleschote
Vanilleschote, die	Vanillestange
Walnuss, die	große Nusssorte
zubereiten	kochen oder braten

Übung 1:

Reime. Vervollständigen Sie das Bratapfel-Gedicht!

Kinder, kommt und **1.** ...., was im Ofen bratet!
Hört, wie's knallt und zischt. Bald wird er aufgetischt,
der Zipfel, der Zapfel, der Kipfel, der Kapfel,
der gelbrote **2.** ....

Kinder, lauft schneller, holt einen **3.** ....,
holt eine **4.** ....! Sperrt auf den Schnabel
für den Zipfel, den Zapfel, den Kipfel, den Kapfel,
den goldbraunen Apfel.

Sie pusten und prusten, sie **5.** .... und schlucken,
sie schnalzen und schmecken, sie lecken und **6.** ....
den Zipfel, den Zapfel, den Kipfel, den Kapfel,
den knusprigen Apfel.

(Bayerisches Volksgedicht)

Übung 2:

Bitte oder Aufforderung. Formulieren Sie die Imperativsätze höflicher!

Beispiel: *Hilf mir!* → Ich bitte dich, mir zu helfen.

1. Komm her! ....

2. Iss mit! ....

3. Heiz den Ofen vor! ....

4. Füll den Apfel! ....

Anhang

Lösungen

Kartoffelsuppe

Übung 1: **1.** Das Essen ist fertig! **2.** Lasst uns vor dem Essen anstoßen! **3.** Prost! Zum Wohl! **4.** Guten Appetit! **5.** Danke, gleichfalls! **6.** Gibst Du mir das Salz bitte? **7.** Schmeckt euch das Essen? **8.** Ich bin satt!

Übung 2: **1.** wie **2.** als **3.** als **4.** wie **5.** als **6.** wie **7.** wie **8.** als

Übung 3: **1.** hell **2.** langsam **3.** alt **4.** lang **5.** hässlich **6.** dünn **7.** klein **8.** böse

Übung 4: **1.** leckere **2.** tolles **3.** grüne **4.** feine

Übung 5: **1.** Butter (-) **2.** Möhre (✓) **3.** Petersilie (✓) **4.** Eigelb (-) **5.** Speck (✓) **6.** Salz (✓) **7.** Wein (-) **8.** Pfeffer (✓)

Schwäbische Grießklößchensuppe

Übung 1: **1.** Schnittlauch **2.** Muskatnuss **3.** Butter **4.** Pfeffer

Übung 2: **1.** kocht ... auf **2.** formen **3.** waschen **4.** hackt ... klein

Übung 3: **1.** sättigend **2.** Suppenteller **3.** verrühren **4.** Gemüsebrühe

Übung 4: **1.** Grieß **2.** Süddeutschland **3.** einen Topf **4.** eine Grünpflanze

Übung 5: **1.** hast gehackt **2.** habe vermengt **3.** hast aufgekocht **4.** haben vermischt

Übung 6: **1.** Kälte **2.** Mischung **3.** Tiefe **4.** Guss **5.** Form **6.** Größe

Erbsensuppe

Übung 1: **1.** Die Suppe kocht im/in dem Topf. **2.** Hans deckt den Tisch. **3.** Ich lade meinen/einen Freund zum Essen ein. **4.** Die Suppe schmeckt gut.

Übung 2: **1.** die Suppe **2.** der Tisch **3.** das Wort **4.** die Erbse **5.** der Lauch **6.** das Salz **7.** die Sprache **8.** der Koffer **9.** die Kartoffel

Übung 3: **1.** hinzugeben **2.** austauschen **3.** tiefgekühlt **4.** unglaublich **5.** enthalten **6.** besonders

Übung 4: **1.** die Zwiebel **2.** die Paprika **3.** die Tomate **4.** der Blumenkohl **5.** die Zucchini **6.** die Karotte/die Möhre **7.** der Brokkoli **8.** der Rotkohl **9.** die Bohne

Übung 5: **1.** Wir nehmen sie. **2.** Ich koche es. **3.** Peter schneidet sie. **4.** Kaufst Du ihn ein?

Heringsalat mit Roter Bete

Übung 1: **1.** c **2.** f **3.** e **4.** d **5.** a **6.** b

Übung 2: **1.** c **2.** d **3.** e **4.** b **5.** f **6.** a

Übung 3: **1.** sie schneiden, sie schnitten **2.** ich fange, ich fing **3.** du wäschst, du wuschst **4.** wir ziehen, wir zogen **5.** ihr esst, ihr aßt **6.** er/sie gibt, er/sie gab

Übung 4: **1.** Matjes **2.** Gewürze **3.** Rote Bete **4.** Norddeutschland **5.** Soße **6.** Hering **7.** verrühren **8.** Sonnenblumenöl

Übung 5: **1.** Norddeutschland **2.** Gewürzgurke **3.** Kartoffel **4.** Schüssel

Currywurst

Übung 1: **1.** d **2.** c **3.** b **4.** a

Übung 2: **1.** Hast Du schon einmal Currywurst gebraten? **2.** Das Essen war sehr lecker.

Übung 3: **1.** Er liest das Rezept, während er in der U-Bahn fährt. **2.** Die Currywurst-Soße über die Bratwürste geben und sofort servieren. **3.** Ich nehme kein Olivenöl, sondern (ich nehme) Rapsöl. **4.** Ich kann heute nicht zu dir kommen, denn ich habe Fieber.

Paniertes Schnitzel mit Pommes frites

Übung 1: 1. den/einen **2.** der/einer **3.** den/einen **4.** den **5.** den **6.** den **7.** den/einen **8.** den
Übung 2: 1. Kartoffeln **2.** Kopfsalat **3.** Paprika **4.** Zitrone
Übung 3: 1. schält **2.** klopfe ... flach **3.** wascht **4.** verquirlst
Übung 4: 1. Schnitzel kaufen **2.** Schnitzel abtupfen **3.** Kartoffeln schälen **4.** Paprika schneiden
Übung 5: 1. die Schnitzel **2.** die Salate **3.** die Teller **4.** die Öle **5.** die Pfannen **6.** die Gerichte **7.** die Eier **8.** die Zitronen **9.** die Backöfen **10.** die Schüsseln

Rinderrouladen mit Salzkartoffeln und Rotkraut

Übung 1: 1. auf **2.** an, von **3.** mit **4.** in **5.** am **6.** nach
Übung 2: Ich stehe jeden Morgen um sieben Uhr auf und frühstücke mit meiner Familie. Danach fahre ich in den Deutschkurs und lerne Deutsch. Um halb zwei fahre ich mit der U-Bahn wieder nach Hause. Unterwegs kaufe ich im Supermarkt ein. Abends koche ich Rinderrouladen und meine Familie freut sich über das gute Essen.
Übung 3: 1. falsch (Rinderrouladen werden in einem Bräter gebraten.) **2.** richtig **3.** falsch (Salzkartoffeln werden gewaschen, geschält und in Salzwasser gekocht.) **4.** richtig
Übung 4: 1. Fernsehen schauen **2.** Musik hören **3.** ins Kino gehen **4.** nichts machen **5.** sich mit Freunden treffen **6.** die Wohnung putzen **7.** früh schlafen gehen

Frikadellen mit Kartoffelsalat

Übung 1: 1. lauwarm **2.** festkochend **3.** beliebt **4.** altbacken
Übung 2: 1. Bei uns gibt es jeden Montag Frikadellen. **2.** Hat schon jemand den Tisch gedeckt? **3.** Ich mache den besten Kartoffelsalat. **4.** Kommst du morgen zum Essen?
Übung 3: 1. Petersilie **2.** Pfanne **3.** Brötchen **4.** festkochend **5.** Pfeffer **6.** Brühe
Lösung: LECKER
Übung 4: 1. Magst du Kartoffelsalat? **2.** Machen wir die Gemüsebrühe zusammen? **3.** Bringst du Frikadellen mit zur Party? **4.** Haben Sie Brötchen von gestern? **5.** Möchtest du ein Bier zum Essen? **6.** Wer spült jetzt das Geschirr?

Schweinebraten mit Kartoffelknödeln

Übung 1: 1. Schweinebraten **2.** Rotwein **3.** Kartoffeln **4.** Bund
Übung 2: Waagerecht: Senf, Schwein, Kartoffel **Senkrecht:** Zwiebel, Rotwein, Salz
Übung 3: 1. d **2.** f **3.** e **4.** a **5.** c **6.** b
Übung 4: 1. briet, gebraten **2.** ließ, gelassen **3.** zog, gezogen **4.** goss, gegossen
Übung 5: 1. neunzig **2.** zwanzig **3.** siebenhundert(und)fünfzig **4.** fünfzehn

Frankfurter Rippchen mit Sauerkraut

Übung 1: 1. Erde **2.** Baum **3.** Erde **4.** Strauch
Übung 2: Waagerecht: Sauerkraut, Teller, Zwiebel **Senkrecht:** Salz, Apfelwein
Übung 3: 1. Rippchen **2.** - **3.** Lorbeerblätter **4.** Zwiebeln **5.** - **6.** Brote
Übung 4: 1. Nechsten (Nächsten) **2.** Karttoffelbrei (Kartoffelbrei) **3.** hellfen (helfen) **4.** Küch (Küche) **5.** spühlt (spült) **6.** Spass (Spaß) **7.** muß (muss) **8.** Nachttisch (Nachtisch)

Forelle Müllerin Art mit Salzkartoffeln

Übung 1: 1. kleiner, am kleinsten **2.** größer, am größten **3.** jünger, am jüngsten **4.** mehr, am meisten **5.** dicker, am dicksten

Übung 2: **1.** traf, getroffen **2.** aß, gegessen **3.** nahm, genommen **4.** verlor, verloren **5.** kochte, gekocht **6.** wusch, gewaschen
Übung 3: **1.** d **2.** c **3.** b **4.** a
Übung 4: **1.** waschen, schälen **2.** waschen, tupfen **3.** geben **4.** erhitzen **5.** bräunen lassen **6.** servieren

Spargel mit Sauce Hollandaise

Übung 1: **1.** unter **2.** auf **3.** bis **4.** aus
Übung 2: Spargelzeit, Teller, rühren, Niederlanden, Nimm, mehrmals
Übung 3: **1.** falsch (Spargel gibt es nur von April bis Juni.) **2.** richtig **3.** richtig **4.** falsch (Spargel wird in vielen verschiedenen Varianten gegessen.)
Übung 4: **1.** Tellerchen **2.** Tischchen **3.** Süppchen **4.** Töpfchen
Übung 5: **1.** weißer Spargel, Kartoffeln, Zitrone **2.** Butter, Eier, Salz, Pfeffer **3.** Vorder- oder Hinterschinken

Kartoffelpuffer mit Apfelmus

Übung 1: **1.** Zwiebel **2.** Zimt **3.** Zitrone **4.** Zwieback **5.** Zwetschge **6.** Zucker
Übung 2: **1.** Trauben **2.** Orange **3.** Pflaume **4.** Birne **5.** Erdbeere **6.** Apfel **7.** Banane **8.** Nektarine
Übung 3: **1.** Es macht Spaß, Kartoffelpuffer zu braten. **2.** Es ist interessant, eine neue Sprache zu lernen. **3.** Es ist gefährlich, mit heißem Wasser zu kochen. **4.** Es ist langweilig, Kartoffeln zu schälen.
Übung 4: **1.** vitaminreich **2.** geschmacklos **3.** kalorienarm **4.** unreif **5.** zuckerfrei **6.** unordentlich

Zwiebelkuchen

Übung 1: **1.** dass **2.** Das **3.** das **4.** dass, das
Übung 2: **1.** Pass **2.** Fangen **3.** Verbrenn **4.** Rühren **5.** kommt
Übung 3: **1.** zusammen **2.** süß **3.** sicher **4.** Zucker **5.** Zwiebel **6.** Salz **7.** zurück **8.** servieren
Übung 4: **1.** habe **2.** sind **3.** ist **4.** habe **5.** seid
Übung 5: **1.** e **2.** f **3.** d **4.** c **5.** a **6.** b **7.** h **8.** g

Allgäuer Käsespätzle

Übung 1: **1.** könntest **2.** hätten **3.** müssten **4.** wüsste
Übung 2: **1.** Der Teig wird vorbereitet. **2.** Die Zwiebeln werden geschnitten. **3.** Der Tisch wird gedeckt. **4.** Die Küche wird aufgeräumt.
Übung 3: **1.** gelb **2.** rot **3.** grün

Apfel-Streuselkuchen

Übung 1: **1.** Ferien **2.** verkneten **3.** fern **4.** fertig **5.** Verkehr **6.** Fernsehen **7.** verrühren **8.** Ferse/Verse
Übung 2: **1.** Kochkurs **2.** Fahrzeug **3.** Kochbuch **4.** Kochlöffel **5.** Fahrrad **6.** Fahrplan **7.** Kochtopf **8.** Fahrschule/Kochschule
Übung 3: **Waagerecht:** Zucker, Vanille, Ei, Backpulver **Senkrecht:** Zimt, Kakao, Mehl, Milch, Butter
Übung 4: **1.** die Unterhaltung **2.** der Sprung **3.** die Lesung **4.** der Braten **5.** der Geschmack **6.** das Gewürz **7.** der Schlaf **8.** der Geruch
Übung 5: **1.** Esslöffel **2.** Kilometer **3.** Gramm **4.** Liter **5.** Mehrwertsteuer **6.** Milliliter **7.** Kilogramm **8.** circa **9.** und so weiter

Schwarzwälder Kirschtorte

Übung 1: **Waagerecht:** Sieb, wie, glatt, auskühlen **Senkrecht:** Eiweiß, Teig, Tracht

Übung 2: **1.** Schwartzwälder (Schwarzwälder) **2.** sechszehn (sechzehn) **3.** Kirschmase (Kirschmasse) **4.** Grat (Grad)

Übung 3: **1.** in **2.** bei **3.** an **4.** auf

Übung 4: **1.** Zitrone **2.** ruhen lassen **3.** Messer **4.** Grieß

Käsekuchen

Übung 1: **1.** kneten, knetete **2.** wickeln, wickelte **3.** stellen, stellte **4.** verrühren, verrührte **5.** bestreichen, bestrich **6.** ausrollen, rollte aus **7.** legen, legte

Übung 2: **1.** Ich ärgere mich oft über meine Fehler. **2.** Es freut mich, wenn ich neue Rezepte ausprobieren kann. **3.** Mit einem guten Essen kann man mir eine Freude machen. **4.** Ich finde es sehr schön, wenn man mir Komplimente macht. **5.** Es geht mir auf die Nerven, wenn Du nichts sagst.

Übung 3: **1.** Obwohl Michael Hunger hat, hat er keine Lust zu kochen. **2.** Bis das Essen fertig ist, lerne ich Deutsch. **3.** Nachdem ich den Tisch abgeräumt habe, spüle ich die Teller und Töpfe ab. **4.** Bevor ich das Gericht koche, kaufe ich die Zutaten ein. **5.** Heute koche ich nicht, aber ich backe einen Kuchen.

Übung 4: **1.** Das Kochbuch wird von Simone zurückgebracht. **2.** Es wird viel Bier in Deutschland getrunken. **3.** Die Hausaufgaben müssen von Tanja noch gemacht werden. **4.** Das Essen soll von den Kindern aufgegessen werden.

Milchreis

Übung 1: **1.** hören **2.** Buchstabensalat **3.** vermischen **4.** Teller

Übung 2: **1.** d **2.** f **3.** e **4.** a **5.** c **6.** b

Übung 3: **1.** d **2.** c **3.** b **4.** a

Übung 4: **1.** Wer **2.** Warum **3.** Wann **4.** Was **5.** Wie **6.** Wo

Bratapfel mit Marzipan

Übung 1: **1.** ratet **2.** Apfel **3.** Teller **4.** Gabel **5.** gucken **6.** schlecken

Übung 2: **1.** Ich bitte dich, herzukommen. **2.** Ich bitte dich, mitzuessen. **3.** Ich bitte dich, den Ofen vorzuheizen. **4.** Ich bitte dich, den Apfel zu füllen.

Glossar

irr = unregelmäßig
pl = Plural

A

abgeriebene Schale, die – äußere Haut einer Frucht, die man mit einem Küchengerät in ganz feine, kleine Teile gemacht hat
abreiben – mit einem Küchengerät in sehr kleinen Teilen wegmachen
abschmecken – den Geschmack einer Speise prüfen und nochmals würzen
abtropfen lassen – trocknen
abtupfen – mit einem Papiertuch durch wiederholtes leichtes Drücken trocknen
abwechselnd – *hier:* im Wechsel
allseits – bei allen; überall
altbacken – nicht mehr frisch; hart und trocken
anmachen – *hier:* darübergießen und mischen
anrichten – auf Teller legen
anrösten – braun braten
anrühren – mischen
Apfelmus, das – weiche, nasse Mischung aus gekochten Äpfeln
auf kleiner Flamme – bei niedriger Temperatur
aufgehen – *hier:* größer werden
aufkochen – kurz so heiß machen, dass es kocht
aufschäumen – so lange mischen, bis man eine leichte Mischung mit kleinen Luftbällchen hat
aufschlagen – *hier:* Ei öffnen
ausdrücken – *hier:* so fest drücken, bis kein Wasser mehr herauskommt
aushöhlen – das Innere herausnehmen
auskühlen lassen – warten, bis etw. kalt ist
auspressen – so lange drücken, bis der ganze Saft herauskommt
ausquellen – dick werden
ausrollen – flach und glatt machen
ausstreuen – dünn über eine Fläche geben
austauschen – eine Sache statt einer anderen nehmen

B

Backblech, das – flache, viereckige Form zum Backen
Backpapier, das – spezielles Papier, damit nichts in der Form kleben bleibt
Backpulver, das – Mehl, das den Kuchen beim Backen größer werden lässt
bedecken – komplett über etw. legen
bedeckt – im geschlossenen Topf
Beeren der Saison, die *pl* – Beeren, die es in einer bestimmten Jahreszeit gibt
bestreichen *irr* – eine weiche Masse oder Mischung auf einer Fläche verteilen
bestreuen – dünn auf einer Fläche verteilen
beträufeln – mit wenigen Tropfen nass machen
blechgroß – in der Größe einer flachen, viereckigen Backform

Bräter, der ovale, tiefe Pfanne mit Deckel

brennen *irr* *hier:* wegen der Zwiebelschärfe schmerzen

bröseln viele kleine Stücke formen

Brühe, die würziges Wasser, das nach dem Kochen von Gemüse übrig bleibt

Bund, der mehrere Pflanzen zusammen

Butterflöckchen, das kleines Butterteil

Butterschmalz, das reines Butterfett

C

Currypulver, das Currygewürz als trockene, feine Substanz

D

daraufspritzen *hier:* durch eine enge Öffnung drücken

Dillspitze, die äußerster, dünner Teil der Gewürzpflanze Dill

dünsten bei wenig Hitze in Fett oder Wasser kochen lassen

durchwachsen so, dass Fett und mageres Fleisch im Wechsel zusammengewachsen sind

E

einweichen *hier:* so lange in Wasser legen, bis das Brötchen weich ist

eiweißhaltig so, dass eine Speise viel Eiweiß enthält

entfernen wegmachen

Erbse, die kleine, runde, grüne Frucht, die man gekocht als Gemüse isst

es in sich haben eine starke, intensive Wirkung haben

F

festkochend so, dass die Kartoffeln nach dem Kochen nicht zu weich sind

Fleischbrühe, die würziges Wasser, das nach dem Kochen von Fleisch übrig bleibt

Folie, die sehr dünnes Material aus Plastik oder Aluminium

Forelle, die Speisefisch, der in Bächen und Seen lebt

Formrand, der äußerer, hoher Teil einer Kuchenform

G

gar kochen so lange kochen, bis ein Lebensmittel weich ist

garen so lange kochen, bis ein Lebensmittel weich ist

garnieren dekorieren

Garzeit, die Zeit, wie lange etw. kochen soll, bis es fertig ist

Gemüsebrühe, die würziges Wasser, das nach dem Kochen von Gemüse übrig bleibt

Genuss, der *hier:* kulinarische Freude

geräuchert in Rauch gehängt und dadurch konserviert

geschlagen *hier:* kräftig gemischt, sodass sie fest bleibt

geschmeidig glatt und weich

Gestade, das *hier:* Rand eines Gewässers

Gewürzgurke, die kleine, grüne Gemüsepflanze in einer Essigsoße mit vielen Gewürzen

Gewürznelke, die Gewürz aus der getrockneten Blume eines tropischen Baums

glattrühren so lange mischen, bis die Mischung homogen ist

Grießbrei, der weiche, nasse Mischung aus sehr kleinen Getreidekernen

gründlich	*hier:* so lange, bis etw. sauber ist

H

hacken	in kleine Stücke schneiden
Handrührgerät, das	elektrisches Küchengerät, mit dem man eine homogene Mischung herstellen kann
Hausmannskost, die	einfaches Essen, das in Familien gekocht wird
Hefe, die	helle Substanz aus sehr kleinen Pilzen, die einen Kuchen größer werden lässt
herzhaft	salzig; stark gewürzt
Hinterschinken, der	Schinken vom oberen Teil des Hinterbeins
hinzufügen	dazu geben
hobeln	*hier:* mit einem Küchengerät in sehr flache Stücke schneiden

K

Kalb	junges Rind
Kaper, die	in Essig eingelegte, kleine würzige, grüne Frucht
Kartoffelbrei, der	Kartoffelpüree
Kartoffelpresse, die	spezielles Küchengerät, mit dem man durch Drücken Kartoffelpüree herstellt
Kerngehäuse, das	innerer Teil des Apfels, der die Kerne enthält
Kirschwasser, das	Schnaps, der aus Kirschen hergestellt wird
Klecks, der	*hier:* kleine Menge
klein hacken	in kleine Stücke schneiden
kneten	kräftig (meistens mit den Händen) drücken und dadurch mischen
Knoblauchzehe, die	einer der vielen kleinen Teile von einem ganzen Knoblauch
Knochen, der	Skelettteil
Knolle, die	dicker, häufig essbarer Teil einer Pflanze
knusprig	außen hart
köcheln	leicht kochen
Kopfsalat, der	hellgrüner Salat in der Form eines Kopfes
Kräuterdip, der	Dip mit kleingeschnittenen Blättern von Gewürzpflanzen
kross	außen hart und braun
Küchenreibe, die	Küchengerät, mit dem man extrem kleine Lebensmittelstücke machen kann
Kümmel, der	graubraunes Gewürz, oft für Brot

L

Lachs, der	großer Meeresfisch mit rosafarbenem Fleisch
Lauch, der	Gemüse, dessen lange weiß-grüne Blätter ähnlich wie Zwiebeln schmecken
Linse, die	kleine, runde, braune, rote oder gelbe Frucht einer Pflanze
Lorbeerblatt, das	intensiv schmeckendes, grünes Gewürzblatt vom Lorbeerbaum

M

Mandel, die	harte Frucht eines Baumes
Mandelblättchen, das	sehr flaches Mandelteilchen
Mark, das	das Innere einer Frucht
Marzipanrohmasse, die	fertige Mischung aus fein gemahlenen Mandeln, sehr feinem Zucker und Rosenwasser
Masse, die	(meistens nasse) Mischung
mäßig	wenig; gering
Matjesfilet, das	gesalzener, junger, silberfarbener Meeresfisch

mehligkochend	so, dass sie beim Kochen sehr weich werden
Messerspitze, die	*hier:* kleine Menge, die ganz vorne auf einem Messer Platz hat
mitrösten	auch braun braten
Müllerin, die	Frau des Müllers, der Mehl herstellt
Muskatnuss, die	dunkelbrauner, runder Kern einer tropischen Pflanze

N

nach Belieben	nach Geschmack; so, wie man es mag
neu	*hier:* frisch geerntet
nichts zu tun haben mit	*hier:* nicht verwendet werden
nussig	so, dass es nach Nuss schmeckt

O

ofenfest	so, dass etw. durch große Hitze im Backofen nicht zerstört wird

P

Paniermehl, das	geriebenes hartes Brot
Paprika, der/die	rote, grüne oder gelbe Gemüsepflanze
Paprikapulver, das	Paprikapflanze als Gewürz in Form einer trockenen, feinen Substanz
passieren	*hier:* durch ein Gerät mit vielen kleinen Löchern drücken
Petersilie, die	Pflanze, deren Blätter man zum Würzen verwendet
Pfannkuchen, der	Eier-Milch-Speise, die man in der Pfanne bäckt
Prise, die	kleine Menge, die zwischen zwei Fingern Platz hat
Pute, die	großer Hühnervogel
putzen	*hier:* Schmutz und nicht essbare Teile wegmachen

R

Rahmsoße, die	Sahnesoße
raspeln	hin und her bewegen, und dadurch in kleine Stücke machen
reiben	mit einem Küchengerät ganz feine, kleine Teile machen
reichen	*hier:* servieren
Rippchen, das	Fleischstück mit Knochen
rösten	braten, bis ein Lebensmittel braun wird
rösten	braun braten
Rote Beete, die	rote, runde Gemüsepflanze, die unter der Erde wächst
rote Grütze, die	Süßspeise aus roten Beeren
Rotkohl, der	rundes, rot-lilafarbenes Wintergemüse
Roulade, die	dünnes Stück Fleisch, das gefüllt, zu einem Zylinder geformt und gebraten wird
Rouladenspieß, der	dünner Gegenstand aus Metall

S

saftig	*hier:* viel Brühe/Saft enthaltend; nicht trocken
Sahnesteif, das	trockene Substanz, die Sahne in der dekorierten Form hält
Sauerkirsche, die	kleine, runde, rote, sauer schmeckende Frucht
säuerlich	leicht sauer schmeckend
Schale, die	Haut von Früchten oder Gemüse
schälen	die Haut von Gemüse oder Früchten wegmachen

Schalotte, die kleine, fein schmeckende Zwiebel
Scheibe, die dünnes, meist rundes Stück
Schicht, die dünne Masse, die über oder unter einer anderen liegt
schleimig feucht und leicht klebrig
schmackhaft so, dass es gut schmeckt
Schmand, der saure Sahne
schmoren langsam kochen, bis ein Lebensmittel weich ist
Schneebesen, der Küchengerät, dessen unteres Ende aus dünnem, spiralig gedrehtem Metall besteht
Schnitz, der halbmondförmig geschnittener Teil
Schokoladenraspel, die *pl* kleine, sehr flache Schokoladenstücke
Schöpfkelle, die sehr großer Löffel, mit dem man Suppe in Teller gießt
Schuss, der *hier:* eine kleine Menge Alkohol
Schweineschmalz, der weißes, weiches Fett vom Schwein
Sieb, das Küchengerät mit vielen kleinen Löchern
sieden ca. 100 Grad heiß sein, aber nicht mehr kochen
Spalte, die halbmondförmig geschnittener Teil einer Frucht
Spargel, der weiße oder grüne, lange Pflanzen, die unter der Erde wachsen
Speckwürfel, der kleines Speckstück
Speisestärke, die Art Mehl, mit dem man Soßen und Cremes dicker macht
Spritzbeutel, der Küchengerät, mit dem man z. B. Sahnedekoration auf eine Torte machen kann
Stabmixer, der elektrisches Gerät zum Mischen
Stange, die ein ganzes, langes Stück
Stängel, der langer, dünner Teil einer Pflanze
Stärkemehl, das Mehl, mit dem man Soßen und Cremes dicker macht
steifschlagen *irr* kräftig mischen, bis die Sahne ihre Form behält
Stiel, der *hier:* kurzer, dünner, harter Teil, mit dem der Apfel an den Baum gewachsen war
streichen *irr* eine weiche Masse oder Mischung verteilen
Streifen, der langes, schmales Stück
streuen dünn über eine Fläche verteilen
Streusel, der/das kleines Stück aus Butter, Zucker und Mehl
Strunk, der kurzer, dicker, weißer, innerer Teil einer Pflanze

T

Teig, der *hier:* weiche, ungebackene oder ungekochte (Kuchen-)Mischung
Tomatenmark, das Konzentrat aus Tomaten
Tortenboden, der (meistens) runder, dünner, gebackener Kuchen aus Mehl, Eiern und Zucker
Träne, die Wassertropfen, der aus dem Auge kommt, wenn man weint
tränken *hier:* nass machen
trocken tupfen mit einem Papiertuch durch wiederholtes leichtes Drücken trocknen

U

überaus sehr
umrühren mischen
unglaublich *hier:* sehr
unterheben *irr* etw. vorsichtig mit etw. anderem mischen

unterrühren eine leichte Mischung mit einer schweren mischen
ursprünglich *hier:* eigentlich; früher

V

Vanillemark, das das Innere einer Vanilleschote
Vanillepuddingpulver trockene Substanz, um Vanillepudding zu kochen
Vanilleschote, die Vanillestange
verkneten kräftig (meistens mit den Händen) drücken und dadurch mischen
vermengen mischen
verquirlen mit einer Gabel mischen
verrühren mischen
von Zeit zu Zeit immer wieder nach kleinen Pausen
Vorderschinken, der Schinken aus dem Teil zwischen Hals und vorderem Bein

W

Wacholderbeere, die kleine, runde, schwarze, getrocknete Frucht mit intensivem Aroma
Walnuss, die große Nusssorte
wenden hin und her drehen
wickeln rundherum legen
widmen *hier:* als Ausstellungsort verwenden zur Erinnerung an
Würfel, der *hier:* kleines Stück
würfeln *hier:* in kleine Stücke schneiden

Z

zäh *hier:* dick und wenig fließend
Zahnstocher, der langer, sehr dünner, Gegenstand aus Holz
zerbröseln in kleine Stücke machen
ziehen lassen *irr* für einige Zeit in heißem, nicht kochendem Wasser lassen
Zimt, der braunes Gewürz, das man oft für Süßspeisen verwendet
Zimtpulver, das trockene Substanz, die man als Gewürz oft für Süßspeisen verwendet
Zimtstange, die langes, dünnes Stück von einem braunen Gewürz
Zitronenschale, die äußere Haut einer Zitrone
Zitronenspalte, die halbmondförmig geschnittener Teil einer Zitrone
zubereiten kochen; braten
Zubereitung, die Kochen oder Braten
zugedeckt *hier:* in einer geschlossenen Schüssel
zum Kochen bringen auf die höchste Temperatur stellen, damit es kocht
Zungenbrecher, der Satz, der schwer auszusprechen ist
Zwetschge, die ovale Pflaumensorte